歴史文化ライブラリー

55

比叡山延暦寺

世界文化遺産

渡辺守順

吉川弘文館

原則として、初版で掲載した口絵は割愛しております。

目次

日本文化と比叡山——プロローグ

比叡山は京都と滋賀の境にそびえる標高八四九メートルの山で、慈円《じえん》の歌に「世の中に山てふ山は多かれど山とは比叡のみ山をぞいふ」(『拾玉《しゅうぎょく》集《しゅう》』)と詠まれたとおり、昔から有名な霊峰である。この山は平安朝の昔、最澄《さいちょう》によって、天台宗延暦寺《えんりゃくじ》が建立され、およそ一二〇〇年余りの間、法灯を守り伝えて、日本の歴史と文化に大きな影響を与えた。

現代における比叡山の意義

このたび、世界文化遺産として登録されたのを機会に、あらためて比叡山の歴史を振り返り、いまなお山中に甍《いらか》を並べる堂塔や仏像・仏具・典籍などの文化財をはじめ、法儀や行事などに光をあて、比叡山で生涯を終った高僧の心に迫り、日本文化を豊かにした秘密を探ってみたい。

本書はいうまでもなく、「天台宗延暦寺の信者になってください」と勧誘する布教宣伝の書ではなく、また、専門家のための学術書でもない。単純に言えば、日本文化史から仏教文化を差し引くと、とても淋しい文化しか残らない実態がある。そして、世界に誇る日本文化をとりあげると、延暦寺の思考で創造されたものがいくつもある。したがって、比叡山の歴史と文化を学ぶと、日本文化を豊かにした原動力や、比叡山に秘められた知恵に接して、感動を覚える。本書はそれを伝えたいのである。

二十一世紀の日本はメカニズムが王座を占めるだろうが、経済大国と豪語しながら、金融界の不正や汚職が続出したり、麻薬や援助交際などの青少年犯罪が世界第二というようなことは、自慢にならないのである。

世界から尊敬される、謙虚でレベルの高い日本になりたいものである。そのためには、二十一世紀の若者は、学術的・技術的・文化的・経済的に強い人間にならなければならない。その実現のために大いに役に立つと思われるテーマが、比叡山には数多く秘められている。本書でそれを少しでも多く解明したい。

お断りしておくが、筆者は天台宗の僧籍にありながら、小学・中学・高校・大学・専門学校と五〇年に及ぶ教員生活を続け、研究者を志してきたので、比叡山を客観的に執筆し、延暦寺を国民的立場から公正に評価して、日本の将来に役立てたいのである。そうでないと世界文化遺産に登録された意味が半減する。

本書の構成

さて、はじめに延暦寺の最高の実務責任者前執行小林隆彰師から、現状と将来に対する考えを聞いた。つぎに、長いあいだ関心を注いできた「日本天台史」を、比叡山の東麓にある叡山学院で一〇年以上も講義してきた立場から、比叡山の歴史を、三つに分けて述べる。

一つは一二〇〇年の歴史をすべて書くことができないので、比叡山の開創と円仁・円珍を中心に天台宗の発展と展開に焦点をしぼって、宗教の歴史に対する見方・考え方を解説する。

つぎに比叡山の中興と高僧たちを、そして三つ目に信長による叡山焼打ちとその後の復興をたどる。現代人は歴史を愛好するが、歴史を大切にする人がきわめて少ない。だから、先行の悪事を反省しないで、同じ政財界の不祥事が続出する。しかるに比叡の高僧たちは歴史を大切にして叡山仏教の護持発展に成功し、社会浄化に貢献したのである。

それから、信長の兵火や幕末の廃仏毀釈《はいぶつきしゃく》で貴重な文化財をほとんど失ったといわれながら、じつは多くの国宝・重要文化財が現存するので、単なる名目財産的な鑑賞文化財というより、生きた付加価値の高い、つまり多くの人びとの生活を物心両面から豊かにしてきた信仰文化財の価値を再評価したい。いかに豪華な博物館や史料館が建設されても、町おこしや村おこしにはなるが、たくさんの税金を使わないと維持ができないようでは悲しく思われる。延暦寺の国宝殿を通じて新しい文化財観を提案したい。また、比叡山が日本文化の創造に貢献した一例として、文学と伝説に光をあてたいと思う。

ところで、比叡山の仏教と文化は根底に優れた天台哲学があるから形成されたのである。その比叡山の思考とは教学と修行である。その内容はきわめて難解で、頭脳が明晰でないと解らないといわれるが、中国の高僧智顗《ちぎ》（天台智者大師）の思想なので、尻尾を巻いて逃げることなく、平易に解説してみたい。

この天台の教えは平安朝のはじめに、最澄が命をかけて入唐《にっとう》して伝えた。すなわち、円・密・禅・戒である。その教学の具体化は、たとえば最澄の「山家学生式《さんげがくしょうしき》」に示されたなかにある「国宝とは何者ぞ、宝とは道心なり。道心ある人を名づけて国宝となす」とか、「十二年籠山行」を取り上げても、現代の六三三制の教育制度に通ずる内容である。

最後に、比叡山の三塔や里坊、そして、京都にある諸門跡を巡拝すれば、千古の神秘や森林浴の恩恵にふれ、現代病の最たるストレスから救われるであろう。比叡の樹林は琵琶湖八景の一つでもある。どうか本書を片手に比叡山を散策して、体験から生まれたご意見を気軽にどんどん発表していただきたい。

世界文化遺産と比叡山

――延暦寺から

世界文化遺産に登録

比叡山延暦寺が、世界文化遺産に登録されたのは、平成六年（一九九四）十二月十五日である。

世界文化遺産とは

世界文化遺産条約が発効して、国際的な遺産保護活動がはじまったのは、一九七五年十二月で、わが国の国会が承認したのは、一九九二年六月である。アメリカ・フランス・カナダ・ドイツ・イタリア・ギリシャ・イギリス・中国・旧ソ連・韓国・日本（加入順）などで、一三六ヵ国が締約国となっている。

条約の趣旨は、社会的・経済的状況の変化などにより、衰亡・破壊などの脅威にさらされている文化遺産、および自然遺産を締約国が集団で保護するというもので、ユネスコに設けられている世界遺産委員会が、「世界遺産一覧」を作成する。

文化遺産として承認をうけるためには、文化遺産についての国際記念遺跡会（イコモス）、自然遺産は国際自然保護連合会（IUCN）の審査をうけ、さらに世界遺産委員会（二一ヵ国）が最終的に決定する。

一九九四年二月現在の登録件数は、四一一件（文化遺産三〇五件、自然遺産九〇件、両者に該当するもの一六件）である。

締約国は、分担金として、ユネスコ分担金の一％を醵出し、その原資をもって保護する。また、現在登録されている主な世界遺産は、文化遺産として、ボロブドール遺跡（インドネシア）、万里の長城（中国）、ピサの斜塔（イタリア）、ローマの旧市街（イタリア、バチカン）、ベルサイユ宮殿と公園（フランス）、メンフィスのピラミッド地帯とネグロポリス埋葬地（フランス）であり、自然遺産の中には、ビクトリア滝（ザンビア、ジンバブエ）、キリマンジャロの国立公園（タンザニア）、グランドキャニオン国立公園（アメリカ）などがある。わが国では、法隆寺の仏教建造物、姫路城、京都文化圏の文化財（大津市・京都市・宇治市。大津市の中の延暦寺が登録）、白川郷、五箇山《ごかやま》の合掌造《がっしょうづく》りの集落、そして自然遺産では、屋久島《やくしま》地域や白神《しらかみ》山地がある。遺産委員会は詳細な基準を厳格に適用して決定するが、延暦寺はこのすべてに適合したのである。なかでも、すぐれた普遍的な価値をもつ出来事、生きた伝統、思想、信仰、芸術に関するものの項目は、とくに重要な要素であったように思われる。

ユネスコ調査員の来訪

ユネスコ調査員が調査のため延暦寺を訪れたのは、平成五年（一九九三）八月であった。団長のヘンリー・クリア博士一行が彦根城の調査を終え、比叡山を望見しつつ琵琶湖大橋を渡って、山上に到着したときの第一声が、「比叡山では、いまでも一二年間籠山修行《ろうざんしゅぎょう》が行われていますか」「千日回峰《せんにちかいほう》を修行している僧が本当にいるのですか」「比叡山の声明《しょうみょう》は現存しますか」「論義などの古い行事や儀式がいまも昔通りに伝わっていますか」「一二〇〇年このかた消えたことがないという根《こん》本中堂《ぽんちゅうどう》の不滅の灯明《とうみょう》はどこにありますか」——矢継ぎばやの質問であった。そして、その一つ一つを確認して行かれたのである。

国宝指定の根本中堂のほか、転法輪堂《てんぽうりんどう》（西塔の釈迦堂）など多くの重要文化財の諸堂や、老杉《ろうさん》が並び立つ幽邃《ゆうすい》な自然環境についてはすでに十分認識されていたが、延暦寺の伝統的な修行や行事が、日常ごく当たり前のこととして行われているということが信じられなかったようであった。

根本中堂の薄暗い堂内で、灯明皿に油を注ぐ護持僧の姿と、一二〇〇年来消えたことのない灯明が、大灯籠の中であかあかと燃え続けていることに感動し、真夜中、比叡山の峰々、谷々三〇キロを白装束《しろしょうぞく》という決死の身仕度で巡礼する回峰行者に遭い、また、伝教大師（最澄）の廟所浄土院では、毎日三〇〇〇回も、五体を板床にうちつけて投地礼拝を続ける好相行《こうそうぎょう》の姿を見て、「これは何日間やるのか」と問う。「仏の姿を目の前に見奉るまで続けます。期間はありません。この行者は既に一五〇日を経過しています」と答えると「とても考えられない」と驚きの声を発せられたのである。しかも、好相（仏の姿を拝む）を得てのちは、一二年間、一歩も比叡山の結界《けっかい》を出ず、暁天に寝所を離れ、生身《じょうじん》の伝教大師に仕え奉るという気持ちで、食事をつくり、朝の勤行《ごんぎょう》を行い、その下供《げく》を朝食としていただき、午前一〇時には、昼の食事を作って本尊に供え、数十回の礼拝の後、昼の勤行に入る。午後四時の夕座の勤行をもって日課を終えるが、残された時間は、掃除と学問にうち込む。いうまでもなく食事は精進食《しょうじんじき》で、テレビ・新聞などには近づかない。こうして一二年を過ごしている僧の姿と超俗の心境にある籠山僧との短い会話で清浄な比叡山の深さにふれ、これこそ生き続けている文化遺産以外のなにものでもないと感歎されたのである。

生きている文化遺産延暦寺

延暦寺の歴史は、すでに一二〇〇年を越えているが、それはそのまま修行僧の歴史でもある。

開創当時の純粋無垢《むく》な時代、発展途上から隆盛時代へ、教学は多岐にわたり、僧たちが競って学問修行に励んだ時代、そして、やがて堕落の道をたどり、権勢をほしいままにして世人の目をくもらせ、ついには織田信長による比叡山焼打ちという業火《ごうか》に、全山烏有《うゆう》に帰するという悲運にも見舞われた。さらに、明治の廃仏毀釈《はいぶつきしゃく》の嵐は、不滅の法灯をも消し去るほどの厳しさで、さすがの延暦寺も再起不能かと思われるほどの打撃を受けた。しかし、隆盛をきわめ、多くの僧が権勢に流された時代には、独り谷間の小堂に逃がれてもっぱら修行と学問にうち込む僧がわずかながらでも居てくれたし、全山焼け野原になってしまったときも、草や木の実を食としつつ法灯を護り、再興に身心を捧げた僧がいた。江戸時代、比叡山の名物は四つあると僧たちはいい伝えた。すなわち、論・湿・寒・貧である。比叡山は冬は寒く、湿度は通じて高い。しかも財政はきわめて厳しく、僧はみな貧の極にあった。寒くて湿気が多く貧乏でも、修行と学問は怠るな、というのが比叡山四名物の意味であろう。逆縁のときこそ開山伝教大師の心を伝える僧が現れるのである。こうして延暦寺は、比叡満山に充満する諸仏諸神に護られながら、何万人の先輩が霊域の環境を友として護り続けてきたのである。いまそのすべてが十分に受け継がれているとはいいがたいが、いまはいまの形で、伝統を重視しつつも開かれた比叡山として、これを永代に受け継がなければと僧たちは思い悩み、現在もなお光りを求めて歩み続けているのである。そして、今回の文化遺産の指定にあたって、生きている文化遺産であるとの評価に、比叡山僧は大きな誇りと責任の重さを痛感したのである。

　遺産という言葉には、少なからず「遺物」の意味が含まれている。万里の長城のように、あるいは姫路城のように、昔の人が生活した重要な文化を現代人が護らねばならぬ、ということであろうが、延暦寺の場合は必ずしもこれに当たらない。もし、昔のものとして保護してもらわねばならぬ存在になってしまったなら、延暦寺の生命はただちに失われてしまうのである。その意味で延暦寺の世界文化遺産は、延暦寺と運命をともにする修行者や、天台の僧たちによって護られねばならないし、外護する十方《じっぽう》有縁《うえん》の心ある人びとによって、末法《まっぽう》万年の暁まで護り続けられるはずである。

　平和を祈り、国土と人類の平安を願い、そのための人づくりの道場として開山した伝教大師の悲願があるかぎり、必ずその志を継ぐ人びとが後に続くはずであり、またそうならなければならない仏命を延暦寺は背負っているのである。

宗教とは

世界の宗教地図を見て不審に思うのが、宗教に起因するのではないかと思われる戦争や紛争が多いことである。宗教の目指すところは、個人の至福であり、そのための社会の安寧、ひいては世界の平和である。にもかかわらず、宗教が異なることによって人びとが殺し合うとすれば宗教の本義に背く。宗教が政治に利用されて戦争の道具にされることもしばしばである。神の名のもとに殺戮をくり返すとしたら、これはまさに神仏に対する人間の逆賊行為である。宗教同士の争いはいうにおよばず、政治に利用されたり、民族の紛争に用いられたりすることを阻止せねばならぬ。そのためにも、宗教間の垣根を低くして互いに語り合い、不信の闇を取り除こう、宗教を信ずる者同士が互いを理解し合おうではないか、そして協力して世界の人びとに心の平和をもたらせ、戦火を止めようではないか、というのが比叡山宗教サミット開催の第一義であった。

宗教サミットのバックボーン

比叡山宗教サミットは、昭和六十二年（一九八七）八月に京都と比叡山で開かれた。このために日本宗教代表者会議が結成されたが、この母体は、全日本宗教連盟協賛の全日本仏教会・キリスト教連合会・教派神道連合会・神社神道・新日本宗教団体連合会の五団体と、世界宗教者平和会議（W・C・R・P）、ならびに世界連邦日本宗教委員会の七団体が合議して発足したのである。

宗教サミットに比叡山の名を冠したのは、時あたかも昭和六十二年が比叡山開創一二〇〇年慶讃の記念すべき年であったからで、山田恵諦天台座主《てんだいざす》は、この年を記念して世界の宗教者を一堂に招いて、平和のために語りあおうと呼びかけたのである。

この宗教サミット発願について、一つの力強い精神的なバックボーンがあった。それは、一九八一年、ローマ教皇ヨハネ・パウロ二世が来日されたとき、教皇聖下は日本の各宗教代表者を招いて挨拶された。そのとき、世界平和の実現は、宗教間の理解と協力が最も重要であり、その精神は日本仏教界の古い指導者である伝教大師最澄がいった「己を忘れて他を利するは慈悲の極みである」という言葉につきる、と述べられたことである。

ローマ教皇の挨拶は列席した日本の宗教代表者に深い感銘を与え、なかでも山田恵諦座主は千万人の味方を得た思いだと、述懐した。比叡山宗教サミットの主旨はこれ以外にないと確信して実動に移ったのである。幸いにも、宗教サミット開催の前年、すなわち昭和六十一年（一九八六）、ローマ教皇は突如世界の宗教者に対して、アッシジで平和を祈ろうと呼びかけた。山田恵諦座主のほか比叡山宗教サミット開催の日本宗教代表者会議のメンバーは、招きを受けてアッシジを訪れ、世界の宗教者とともに平和を祈ったことから、比叡山宗教サミットはアッシジの精神をも引き継ぐこととなったのである。山田恵諦座主はアッシジにおいて、各宗教代表者に比叡山宗教サミットへの出席を要請し、万雷の拍手をうけた。これがサミット成功の大きな力となったのである。

サミットの成功

昭和六十二年八月三日・四日、歴史的な宗教サミットは、キリスト教諸派・イスラム教・仏教・ユダヤ教・ヒンドゥ教・シク教・儒教・民族宗教などの代表者が海外各国から参集し、その数は三〇名にのぼり、日本の代表者約二〇〇名出席のもとに京都宝池と比叡山延暦寺において開催した。

会議には、名誉議長の山田恵諦師の開催挨拶、徳川宗敬《むねよし》名誉顧問の歓迎挨拶、中山善衛天理教真柱《しんばしら》の来賓祝辞、庭野日敬名誉顧問の会議開会挨拶、ローマ教皇ヨハネ・パウロ二世、イスラム教シェイクアズハル総長、および、ホコラーレ代表のメッセージをもって開幕した。

会議では、サンヤ・ダルマサクティ世界仏教徒連盟会長、趙樸初《ちょうぼくしょ》中国仏教協会会長、フランシス・アリンゼバチカン諸宗教省長官、P・M・グレコリオス世界教会協議会議長、M・A・ラウーフ国際イスラーム大学総長、S・Z・ババハーノフ中央アジア・カサフスタンイスラム委員会議長、カラム・シンヒンドゥ教ユニバーサルテンプル代表、李炳主成均館儒教本部長老、黒住宗晴黒住教主（教派神道）、阿部野竜正全日本仏教会会長、桜井勝之進神社本庁総長、宮本丈靖新日本宗教団体連合会副会長の各氏が、平和について所信を述べた。

八月四日は、一五時一〇分、全代表が比叡山根本中堂前の平和の広場に集い、一五時三〇分、比叡山大講堂の大梵鐘と同時に国内各寺院や教会、およびバチカン・アッシジ・カンタベリー・バングラデシュ・スリランカ・タイなどの宗教施設で、一斉に梵鐘《ぼんしょう》や教会の鐘をうち鳴らして平和を祈願した。つづいて各宗教者が順次壇上に上って平和を祈り、最後に宗教者が互いに抱き合って平和を誓ったのである。

かくて比叡山宗教サミットは大成功裏に閉幕し、以後の宗教協力の道を大きく開いた。

この成功の陰には、庭野日敬師が提唱して発足した世界宗教者平和会議や世界連邦日本宗教委員会・宗教者倫理会議、そして大本《おおもと》教団の集祭活動などの地道な働きがあったことを忘れてはならない。以来、天台宗は毎年、八月四日を記念して同日、日本の各宗教代表者を比叡山に招き、ともに平和を祈りつづけてきた。なかでも三周年には、イスラム関係者を各国から招いてムルタカ比叡山会議を、また五周年には、知恩院と延暦寺を会場として子供サミットを行い、未来を背負う子供たちの平和に対する意見を宗教代表者が聴き、また終戦五〇周年には、世界の戦争犠牲者をともに追悼した。そして、平成九年八月、宗教サミット一〇周年を迎えたのである。

日本宗教代表者会議の発足

一〇周年を大きな節目と考えた比叡山天台宗は、かつて比叡山サミットを成し遂げた各宗教団体に呼びかけて、ふたたび日本宗教代表者会議が発足した。今回の呼びかけに対しキリスト教諸教・仏教・イスラム教・ヒンドゥ教・ユダヤ教・儒教など、海外の各宗教代表者など六〇名と国内代表等、約一〇〇〇名が京都宝池国際会議場と比叡山に参集して八月二日から三日間、会議と祈りを行った。会議では、明石康国連事務次長、フランシス・アリンゼ枢機卿の記念講演のほか、各宗教代表による平和に対するシンポジウムが公開でもたれるなど、一〇年前には考えられなかったことが行われ、比叡山での祈りも根本中堂の前で成功裏に閉幕した。

過去一〇年を振り返るとき、宗教者間の相互理解と協力は特段の進歩を見たが、世界の情勢は混沌としている。東西の縛りが解かれてみると民族間の紛争が競い起こり、戦争は地域化してかえって深刻となった。宗教離れの傾向も世界各地に見られ、そのために倫理道徳が危機にさらされている。宗教者の負荷する責任はますます重くのしかかっている。宗教間の協力を進めねばならぬ宗教者、とりわけ比叡山の担う役割はいよいよ重いこととなった。

二十一世紀の延暦寺

二十一世紀を迎えて、比叡山は何をなすべきか、きわめて重要な立場に置かれていることを自覚するのである。

人類救済の哲学

現実の世界をみるとき、人類は長らく要求と奪い合いの精神を個々の内に蓄えて、発展と破壊をくり返してきた。慈悲や愛を希求しながら、現実には殺し合いに明け暮れてきたが、これ以上の業因《ごういん》の種を播いていては、人類は滅亡以外に選択の道はなくなる。

このときこそ伝教大師が一二〇〇年昔に叫ばれた「己を忘れて他を利するは慈悲の極みなり」の聖訓を実行するほかにないのではなかろうか。分かち合い、助け合い、返し合う、これこそが、二十一世紀の人類を救済する真の哲学であると確信するのである。

かつて比叡山は、法然・親鸞・栄西・道元・日蓮・良忍・一遍・真盛などの祖師たちを輩出した。この人たちは比叡山を出て自ら新しい道を開かれ、民衆を救済したのである。以来、各宗派は自己の宗派を強調した。いわゆる宗派仏教の誕生である。各宗派は自己を主張しつつ発展し、日本人の心を育てたのである。

現代は共生の時代といわれる。人類は共生の輪の中で認め合い、助け合わなければ存在できない時代を迎えている。

宗教もまた、協調を柱にしなければならない。互いの違いを認めつつ、共通するところを探し求めて協力する。天台宗と比叡山の役割は、自ら主張するよりも聞き役にまわり、皆が仲良くするための下働きをすることなのである。

昭和六十二年の開創法要、そして、根本中堂創建一二〇〇年、さらに天台大師一四〇〇年大遠忌と、近年つぎつぎに記念法要が行われたが、そのたびに縁故の教宗団は比叡山で一会《いちえ》の法要を営まれた。列挙すればつぎのとおりである。

天台寺門宗・天台真盛宗・融通念仏宗・時宗・和宗四天王寺・聖観音宗浅草寺・金峰山修験本宗・本山修験宗・鞍馬弘教・孝道教団・念法真教・浄土宗・浄土真宗本願寺派・真宗大谷派・臨済宗建仁寺派・臨黄合議所・曹洞宗・日蓮聖人門下連合会・東大寺・法隆

寺・西大寺・薬師寺・興福寺・唐招提寺・大安寺・元興寺・立正佼成会・妙智会・妙道会・松緑神道大和山・大乗教・霊友会・真生会・日吉神社（順不同）などで、各教宗団の管長・会長猊下《げいか》が御導師のもとに、式衆・檀信徒とともに根本中堂で、それぞれの法式によって荘厳な法要が営まれた。各教宗派とは同胞であり、今後さらに法縁を深め、和の心を広めるため下座の働きをする役目が比叡山にはある。

開かれた比叡山へ

比叡山は、鎌倉時代の祖師たちを輩出したことから、日本大乗仏教の母山といわれてきたが、ややもすると厳しくて近寄りがたい存在だと思われてきた過去がある。しかし、いまや比叡山は誰でも参詣できる大衆の聖地である。

自然の懐にいだかれつつ散策したり、坐禅や写経などによって、清気を養う施設も備っている。浄土宗や日蓮宗のように、祖師の旧蹟で修練する場所もある。宗教に対して、信・不信を問わず訪れて、一二〇〇年の文化を享受することもできる。

天台の教風は各宗に通じ、かつ仏教の基幹だといわれる。すべての人に仏性《ぶっしょう》があることを自覚せしめ、「一隅《いちぐう》を照らす」実践をもって社会浄化に努めれば人類の未来は必ず光を増すに違いないと確信し、これを訴えつづけることが延暦寺の役目であると考えているのである。

「一隅を照らす運動」

天台宗では、昭和四十二年（一九六七）から「一隅を照らす運動」を繰り広げている。これは、昔から、参詣者に対して根本中堂で叫びつづけてきたことであるが、「一隅を照らす」とは、一口で言えば、他のために尽すことである。自分の働きが他の幸せになる、との信念をもって個々が行動する。貪欲に明け暮れた社会がもうどうにもならなくなるほど行き詰ってしまった現代、「一隅を照らす」は現代の生活規範であらねばならぬ。そのために僧も一般の人びとともに自己の立場のなかで、いかにすれば他のためになりうるか、一隅を照らすことができるかを探し求めねばならないのではなかろうか。

伝教大師は、国が平和でなければ人びとの暮らしは幸福ではない。しかし、国を平和に導くのは、人である。有為な人材とは、自己のためのみに働くのでなく、他のために尽くせる人をいう。結局は、人を育てねばならぬと説かれて、一二年籠山制度を作られた。

一二年籠山修行するのも世の中に役立つ人になるためであるから、社会のなかの一員として、持ち場持ち場をしっかり守りつつ、世のため人のためにと心がけて生活すれば、それはそのまま一隅を照らすことであり、国の宝だと伝教大師は示された。その意味で一隅

図１　一隅を照らす会館（上、右手は万拝堂）と平和の祈り記念碑（下）

を照らす運動は、宗教を信ずるとか、信じないにかかわらず、現代人がこぞってこの運動に参加してほしいと願っているのである。

天台宗では、いま僧侶の公募を行っている。これも伝教大師の一隅を照らす人づくりの精神からでた制度であって、志ある人に門戸を開き、一度しかない人生をやり抜いてみようという情熱ある青年を求めている。

人こそ国の宝といわれた伝教大師のお心を具現するための一方途でもある。

比叡山の行く手は厳しいが、誰でもが参加できる場所として、これからも親しまれることを願いつづけているのである。

比叡山の歴史

天台宗の開創と天台密教の昇華

比叡山の歴史を学ぶ

日本の歴史のなかで、比叡山があるときは表舞台となり、あるときは裏方として、重要な役割を果たしたのは、この山に延暦寺が建立されたからである。そして、延暦寺が日本化した仏教の代表でもある天台宗を盛況にし、日本文化の創造に貢献できたのは、根底に二つの大きな理由があったからであろう。一つは中国の古い風水信仰にもとづく平安京の建設にあたって、比叡山は鬼門《きもん》を守る霊山だったことである。もう一つは、比叡山の東麓に生まれ育って、平安仏教の開拓に情熱を注いだ最澄が存在したからである。つまり比叡山の開創は、地の利と、人の利の融合の成果である。いわば地と人の結婚によって生まれた子が偉大な比叡山の仏教と文化なのである。

最澄の開いた天台仏教は、各時代の政治・経済・文化・教育・福祉など各方面にわたって、大きな影響を与えた高僧・名僧を続出させた。

一例をあげるならば、法華経《ほけきょう》を中心とする天台宗が比叡山に根本中堂をはじめ、東《とう》塔《とう》・西塔《せいとう》・横川《よかわ》の三塔に多くの堂塔を建て、そこに多くの僧を住まわせ育てた。そして、政界については、古くは貴族政治の幹部たちが叡山に登ったのをはじめ、朝廷でも高官が集り法華八講などを行って天台高僧の教えを研修した。天海《てんかい》は徳川家康の頭脳といわれ、幕府制度の成立に影響を与えた。また、経済面では、叡山が荘園の経営を指導した。農産物を増産させて、荘園市場を盛んにした。とくに滋賀県の湖東地方で誕生した中世近江商人の代表である保内《ほない》商人は延暦寺の得珍《とくちん》の指導で活躍したのである。さらに、文化面では国宝の根本中堂をはじめ、多くの国風文化を創造した。高僧の肖像仏は比叡山からはじまった。そのほか、『山家学生式《さんげがくしょうしき》』の教育はいうまでもなく、「アイウエオ五十音図」の現存最古のものが比叡山の良源本《りょうげんぼん》である。もう一つ福祉について示すならば、『徒然草《つれづれぐさ》』第二二段によると、『平家物語』は比叡山の慈円《じえん》が信濃前司行長《しなののぜんじゆきなが》に作らせ、目の不自由な生《しょう》仏《ぶつ》に語らせたため語りものとして普及したという。これは福祉事業の先駆である。

なかでも、鎌倉新仏教の開祖である栄西《えいさい》・道元・法然・親鸞・日蓮など、すべて比叡山の出身ということも注目される。歴史家によっては育てられた比叡山に造反して新仏教を開いたのだとか、天台教学の旧体制に反発して新体制を求めたとか評されたが、じつは実力が伯仲すれば、争奪するか、脱出して独立するしかないのだから、鎌倉新仏教の祖師《そし》たちは後者を選んだのであろう。二十一世紀は、あらゆる分野ですぐれた指導者が求められるが、多くの人材を輩出した比叡山から学ぶべきことがじつに多い。

延暦寺の荘園や文化財、そして高僧を守った僧兵集団の知恵なども、現代の不祥事の多い経済界や、国の自衛を考えるとき、ぜひ参考にしたい。そのすべてを説き明かせないが、延暦寺の足跡は再評価されねばならない。現代はコンピュータを駆使する人々や歴史愛好家も増加したが、歴史や学問を大切にし、心を大事にする人がきわめて少ない。とくに、政財界のトップの背信行為や教育界の歴史無視・真理放棄・宗教蔑視は悲しいかぎりである。そこで、比叡山の歴史から、開創・中興・焼討ちと復興の三点を中心に、高僧・名僧の活躍にふれながら、比叡山の知恵を探りたいと思う。

最澄と天台宗の開創

最澄が比叡山に延暦寺を建立したいきさつはいろいろあるが、『古事記』に「大山咋神《おおやまぐいのかみ》、日枝《ひえ》の山（比叡山）に坐《いま》す」とあったり、和銅八年（七一五）に藤原不比等《ふじわらのふひと》の長男武智麻呂が近江守として登山した記録が残され、

図２　伝教大師坐像（滋賀県観音寺蔵）

『懐風藻《かいふうそう》』にも、「藤江守、碑叡《ひえい》山（比叡山）の先考（武智麻呂）が旧禅処の柳の樹を詠ずるの作に和す」の漢詩などがあり、すでに先人の登った山だったからである。また、古くから比叡山は死者を葬る霊地だったから、仏の山として開発される運命をもった霊山であった。

この霊峰比叡山の東麓で誕生したのが最澄である。『伝教《でんぎょう》大師《だいし》和讃《わさん》』によると、「神護景雲元年（七六七）」の誕生とあるが、「国府牒《こくふちょう》・度牒《どちょう》・戒牒《かいちょう》」（京都大原来迎院蔵・国宝）では「天平神護二年（七六六）」の誕生という。学界では公文書である「国府牒」の記述を尊重して定説とするが、延暦寺では『叡山大師伝』により「和讃」を訂正していない。「度牒」には「近江国（滋賀県）滋賀郡古市郷（大津市）戸主正八位下三津首《みつのおびと》浄足戸口」とあり、空海の「讃岐国（香川県）多度郡方田郷（善通寺市）戸主正六位上佐伯直《さえきのあたい》道長《みちなが》」「戸口」と比較される。『天台霞標』によると、「浄足」をキヨシと読み「巨枝」とも表記され、それがいつしか「百枝」となり、最澄の父の名として普及したという。比叡山の東麓坂本には百枝社があり、その近くに、最澄の母をまつる市殿社もある。母は『伝教大師由緒』（藤村彦村・承平四年（九三四）、『伝教大師全集』五、所収）に「従五位中務少輔鷲取朝臣の娘」とあるのが一般に知られ、名を藤子といい、妙徳夫人と尊称されている。最澄の幼名は広野《ひろの》という。長じて伯父の紹介で、奈良の大安寺の行表の門に入り、官僧の道を進んだ。『法華経』『金光明経』を暗誦し、さらに仏教儀式を習い、試験を受けて沙弥《しゃみ》となり、得度《とくど》して最澄と改名した。

一人前の僧となるために、当時の制度に従って、東大寺戒壇院で具足戒《ぐそくかい》（小乗戒《しょうじょうかい》）を受けた。そして、南都の仏教界での活躍が期待された。しかし華やかな南都では、以前より恵美押勝《えみのおしかつ》の乱や道鏡が王位をねらって失脚するなどの事件があり、改革を望んだ桓武天皇は、新政治への移行を企て、長岡京遷都を進めていたが失敗し、平安京建設に向って動いた。そこで、最澄は南都と決別し、ふるさとの比叡山へ登り、『法華経』を中心とする天台典籍を読み、研究と思索の日々を送った。最澄は比叡山での独学修行の志を願文《がんもん》にまとめたところ、内供奉《ないくぶ》十禅師寿興の目にとまり、十禅師に推薦されるきっかけとなった。

桓武朝廷は奈良仏教を拒否し、新時代の仏教を求めていたので、最澄は渡りに舟のたとえのように、桓武天皇と急接近し、空海とともに迎えられて、天台宗・真言宗を開くことになるのである。

最澄は比叡山の草庵（一乗止観院《いちじょうしかんいん》、後の根本中堂）で、一切経論の研究に没頭し、とくに「法華玄義《げんぎ》、法華文句《もんぐ》、摩訶止観《まかしかん》、天台四教義」などに魅せられて心をくだいた。このころ、「阿耨多羅三藐三菩提《あのくたらさみやくさぼじ》の仏たちわが立つ杣《そま》に冥加《みようが》あらせたまへ」（『新古今集』）を詠じたと伝える。

延暦十七年（七九八）には比叡山で、法華十講を開催し、研究の成果を発表した。高僧伝としてはもっとも史実性の高い『叡山大師伝』（石山寺蔵・重文）によると、この十講の法会《ほうえ》に「比叡峯一乗止観院に於て勝猷、奉基、寵忍」ら「十箇の大徳」を招いたところ、最澄の講演内容が賞讃されたと伝える。それを聞いた和気弘世《わけのひろよ》（清麻呂の子）が主催者となり、和気氏の氏寺《うじでら》であった京都の神護寺《じんごじ》で、供養のための仏教講演会を催したとき、その企画を最澄に一任した。当日集った学僧のなかには、奈良諸大寺の善議・賢玉・勤操《ごんぞう》・修円らがいて、最澄の天台三大部の講演内容の優秀さを桓武天皇に報告した。これが縁となって、最澄は入唐求法《につとうぐほう》を朝廷に申請して許された。同じときに、空海も入唐求法を許され長期留学となった。最澄は短期の還学生《げんがくしよう》であった。おそらく空海は「正六位上」の出身で大学に学んでおり、私費を加えた入唐ゆえに長期留学となったのだろうが、最澄は「正八位下」の出身で、公費のみの留学だから短期だったのであろう。

苦労して入唐した最澄は、「内証仏法相承血脈譜」（妙法院蔵・重文）や「台州録」（『伝教大師全集』所収）、そして「越州録」（延暦寺蔵・国宝）などによると、円教《えんぎよう》・密教《みつきよう》・

図3　天台山国清寺の山門（下）と大雄宝殿（上）

禅《ぜん》・戒律《かいりつ》を天台山国清寺の道邃《どうずい》や行満から伝えた。帰国した最澄は休む間もなく、天台開宗にとり組んだが、南都仏教界の激しい反対にあい、困難をきわめた。

しかし、延暦二十五年（八〇六）にやっと認可されたので、具体化を進めるため東国と西国へ巡化と思索の旅にでた。それは全国に支持者を求めて、六所の宝塔を建て、最澄が『依憑天台義集』に「我日本の天下は円機已に熟し円教遂に起る」と述べたように、わが国を大乗仏教の国にするためであった。日本国を仏国土（極楽社会）にする強い願いを達成するためには、独立した天台宗を発展させねばならないが、そのためには大乗戒壇の勅許を必要とし、晩年まで命がけで努力した。

天台宗の開宗は空海の真言宗より一歩早かったので、開拓者の苦難は数倍もあったようである。「国宝とは何者ぞ、宝とは道心なり。道心ある人を名づけて国宝となす。経寸十枚はこれ国宝にあらず、一隅を照らす、これすなわち国宝なり」で有名な『山家学生《さんげがくしょう》式《しき》』によると、弘仁九年（八一八）五月に「六条式」、同八月に「八条式」、弘仁十年に「四条式」というふうに再三朝廷へ申請したが、戒壇建立は許可されなかった。

その後、「心形久しく労して、一生ここにきわまる云々」に続く臨終遺言を残して最澄は五十六歳の生涯を終った。その七日後に、弟子たちの努力が報われて、やっと大乗戒壇の勅許が下った。空海がその知恵と縁故を駆使して、比較的容易に真言宗を成功させたのと、対照的である。たしかに、天台宗の成立は苦難に満ちていた。しかるに、最澄は若くして入寂したが、俊才の弟子を多く育成し、比叡山の開創は義真・光定・円仁らに継承され、さらに円珍によって大成したと見るべきであろう。

ところで、この偉大な平安仏教の創始者である最澄は、時代が育てたのか、それとも最澄が平安時代を形成したのか、議論のあるところだが、そんな観点から最澄の生涯を検証すると、結論を先に述べるなら、一流の人物は時代をつくり、二流三流の人物は時代につくられるというべきであろう。たしかに、桓武新政権の時代の動きを先どりした最澄が、命がけで貧しさに耐えて天台教学を究明し、入唐求法によって大乗仏国日本を極楽浄土にせんとする確信を深め、多くの弟子によって、天台宗を成功に導いたのである。その結果が、華麗なる平安朝から鎌倉にかけての天台文化の形成となったのである。

円仁と天台密教

最澄の高弟では第一代天台座主《てんだいざす》義真や『伝述一心戒文』（延暦寺蔵・重文）の著者光定らも天台宗の基礎を築いた功績が大きいけれども、円仁は最澄につぐ高僧である。

円仁は『慈覚大師伝』（『続群書類従』所収）によると、延暦十三年（七九四）に、下野《しもつけ》国

(栃木県)都賀郡で生まれた。九歳で出家の道を選び、鑑真門下で最澄の写経に協力した道忠の弟子広智の門をたたいた。律僧の広智は少年円仁の顔を見て、聡明さに驚き、早速に比叡山の最澄を訪れ、円仁の弟子入りを懇願した。許されて円仁は天台教学の研究と修行をはじめた。

広智の人を見て道を開いた教育は、全国の小・中・高の教師が第一に学ぶべきことである。弘仁五年(八一四)には天台宗の年分度者《ねんぶんどしゃ》となり、東大寺で具足戒《ぐそくかい》を受け、その後、比叡山で『山家学生式』に従って、一二年の籠山行《ろうざんぎょう》をはじめた。しかし、五年後に、籠山を中断して、四天王寺や法隆寺で、『法華経』や『仁王経』の講義をしたところ、その力量を認められた。そのころ、円仁は東北へ巡錫《じゅんしゃく》にでかけた。思索と全国各地の情報を知るためであった。

その後の円仁は多忙をきわめ体調をこわしたので、横川の首楞厳院《しゅりょうごんいん》に隠遁して、いっそうの天台研究に没頭した。そのとき、最澄の果たせなかった天台密教の確立について、高野山の真言密教に劣らない内容に高めないと最澄の願いが達せられないと痛感した。しかし、横川では静かに思索の日を送り、『法華経』を書写し、写経を納めるための根本如法堂(多宝塔)を建立した。長元四年(一〇三一)に、横川の覚超が円仁の思いを知って、

図4　別当大師光定像

図5　円　仁　像

円仁書写の『如法経』を銅製の筒に入れて埋納したが、そのとき、上東門院（藤原道長の娘彰子で、一条天皇の中宮）が書写した『法華経』も埋納されたという。大正十二年（一九二三）の発掘で、上東門院施入《せにゆう》の金色の経筥《きようばこ》（国宝）が発見された。

承和二年（八三五）に、円仁は入唐求法を請願し、許されて中国の揚州へ渡った。師の最澄が熱望した密教の秘法を完全に伝えるためであった。しかし、天台山や五台山へ赴かんと、長安へ頼んだが許されず、帰国せねばならなかった。しかし、帰国の船が逆風にあい海州へ戻された。再度帰国のため乗船したが、また登州へ漂着した。これは入唐求法ができないからだと考え、八方手を尽くし、やっと五台山へ行き大華厳寺をたずねて、文殊《もんじゆ》信仰を伝えた。そして、長安の大興善寺へも行き、金剛界《こんごうかい》の灌頂《かんじよう》を受け、同地の青竜寺では胎蔵界《たいぞうかい》の灌頂と蘇悉地《そしつじ》大法を授った。さらに、長安では仏舎利・道具などを入手し、悉曇《しつたん》（梵語）や止観（禅）を学んだ。

ところが、中国では武宗が即位し、会昌と年号を改めると、破仏の令を出し、仏寺を破壊し、僧を還俗させる弾圧がはじまった。円仁は還俗を強制され、国外退去の対象となり、苦難の旅をしなければならなかった。せっかく手にした仏像・経典・仏具などを持ち帰るため、直綴《じきとつ》・輪袈裟《わげさ》という道中姿を考案して逃げまわった。『今昔物語集』によると、「纐《こう》纈城《けちじょう》」（殺人工場）にまぎれ込んだが、仏・菩薩の化身《けしん》に助けられたという。鄭州《ていしゅう》・泗川《しせん》・揚州・蘇州と荷物を持って逃げまわり、やっと登州から帰国した。この苦難の旅は『入唐求法巡礼行記《にっとうぐほうじゅんれいこうき》』にまとめられ、貴重な文献となった。ライシャワー（アメリカの歴史学者・元駐日大使）の研究で、世界に紹介され注目されている。

円仁は密教だけでなく、声明《しょうみょう》や『法華懺法《ほっけせんぽう》』なども伝えた。円仁は第三代天台座主になると、開創まのない天台宗の充実に尽したので、比叡山延暦寺は躍進した。とくに安慧・遍昭・安然など多くの高弟を育てた。そして貞観六年（八六四）一月十四日に遺戒《ゆいかい》六ヵ条を残して入寂した。円仁の著書には『顕揚大戒論』八巻、『止観私記』十巻などがあり、功績も多いので、慈覚大師の諡号《しごう》を賜った。東北観光の名所で有名な立石寺には、円仁の遺体を運んで納葬したという入定窟《にゅうじょうくつ》がある。

円珍と園城寺

天智天皇ゆかりの大友氏の氏寺《うじでら》だった園城寺《おんじょうじ》（滋賀県大津市）を円珍が天台別院として復興したところ、東大寺・興福寺・延暦寺とならぶ天下の四大寺の一つに発展した。また、同寺の観音堂は西国観音霊場第十四番札所である。円珍は讃岐《さぬき》国（香川県）那珂《なか》郡金倉《かなくら》郷の出身で、俗姓は和気氏。弘仁五年（八一四）の誕生で、高野山に真言宗を開いた空海の姪《めい》の子という。若くして儒教を学び、十五歳で比叡山へ登り、初代天台座主義真の門に入った。円珍は比叡山で、『法華経』『金光明経』を修め、十九歳のとき、天台宗年分度者として出家得度した。天長十年（八三三）には比叡山の戒壇院で菩薩戒《ぼさつかい》を受けた。そして、一二年間の籠山行にうち込んだ。

この後、役行者《えんのぎょうじゃ》の大峰山に興味をもち、熊野三山に登り、熊野本宮で法華八講が開かれると、講師をつとめ内外に認められた。さらに、その翌年に奈良の法相宗の妙詮と論義して、いちだんと名声を高めた。その結果、延暦寺の学頭に推され、内供奉に任ぜられた。三善清行《みよしきよゆき》著『天台宗延暦寺座主円珍伝』（『続群書類従』所収）などにより入唐事情を記すと、嘉祥三年（八五〇）に入唐求法を志し、やっと仁寿三年（八五三）に唐の商人欽良暉《きんりようき》の船で福州へ向った。途中風波のため琉球国（沖縄県）へ漂着したが、上陸すると殺されるといわれ、人食族が武器をもって乗船したと伝えている。このとき、円珍が不動明王に祈念して、逃れることができたという。このときの感動を帰国して絵師に描かせたのが、現存する黄不動明王画像（園城寺蔵・国宝）で、日本三不動の一つと称されている。

福州に着いた円珍は鎮将《ちんしょう》のはからいで、開元寺に入り、インドの那蘭陀寺《なあらんだじ》の般若多羅《はんにゃたら》三蔵《さんぞう》から悉曇《しったん》（梵語）を学んだ。開元寺は玄宗が開元二十六年（七三八）に諸州に建立した寺で、どの国にも同名の寺があった。つぎに、温州の開元寺へ移った円珍は『法華経』

図6　円　珍　像

『華厳経』『倶舎論《くしゃろん》』などを授けられた。また、台州の開元寺では知建から、維摩《ゆいま》・因明《いんみょう》の章疏《しょうそ》を伝授した。

天台山国清寺へ入った円珍はつぶさに最澄の遺跡を巡り、中国の天台宗を開いた智顗《ちぎ》や、その高弟の荊渓《けいけい》の墓へ詣で、銀地金地の峰に登り、随喜の涙を流したという。筆者も先年、最澄や円珍の眺めた銀地金地に立って、しばし感動の思いを体験した。円珍は国清寺の物外より止観（禅）の講義を受け、天台経典二〇〇余巻を写したとある。

大中八年（八五四）九月に天台山を去った円珍は、越州の開元寺で、良諝《りょうしょ》より中国天台のすべてを学び、その後、長安へ移り、青竜寺の法全から入唐の最大の目的だった密教を授けられた。

このように、中国を巡礼した円珍は、四四〇余部一〇〇〇巻の仏教典籍をもって帰国した。円仁・円珍の入唐求法の旅は、現代の海外旅行ブームの反省に役立てたいものである。公費・私費を問わず海外旅行で高僧たちが心がけたのは、目的に加えて、文化・文明を伝来することであった。現代の観光は楽しいかも知れないが、議員たちの公費による視察旅行が本来の目的をはずれて観光に終っていたら、じつに悲しいことである。

円珍は帰国して山王院に住み、入唐求法の整理が終ると、延暦寺の経営のトップに円仁門下とその門流が勢力をもつのを知り、大友氏の依頼に心を傾け、園城寺の復興に全力を投ずることにした。唐院を建て、灌頂を執行《しつこう》し、弟子の養成に力を入れた。貞観二年（八六〇）に新羅善神堂《しんらぜんじんどう》を建て、清和天皇と等身の新羅明神坐像（平安後期・国宝）を彫《きざ》んで安置した。新羅明神は三山冠を頂き、長いあごひげをつけ、袍《ほう》と袴《はかま》をつけて坐す特異な風貌から神秘をかもしだすが、円珍の性格と心情を表わしたものと思われる。

元慶《がんぎょう》七年（八八三）には法眼和尚位に任ぜられ、第五代天台座主となった。著作には『観音賢経記』や『在唐巡礼記』があり、門弟には増命・尊意など一〇〇名を超すという。寛平《かんぴょう》三年（八九一）に入寂し、智証大師の諡号を賜った。

かくて、比叡山延暦寺は最澄・円仁・円珍によって完成されたが、円仁の門流は山門《さんもん》派といい、円珍の門流は寺門《じもん》派と称し、山寺両門から天台座主を続出したが、つねに対立抗争をくり返し、僧兵をまきこんで、堂塔を焼き、仏法が亡ぶと王法も危しと心配されたが、両門の刺激が人材を育て、高僧名僧が続出した。

叡山の中興と高僧たち

延暦寺全焼と良源

比叡山一二〇〇年の歴史は、人生の浮沈と類似している。天台宗の開創は、宗祖最澄らの苦労があったにしても華麗に展開したのだが、大成功の継続は平穏でなく、山あり谷があった。その第一回目の難関が、承平五年（九三五）三月の山上諸堂の全焼である。出火原因は不詳だが、とにかく三〇余の諸堂を失った。この諸堂の復興に全力を注いだのが良源で、叡山中興の祖と尊称されている。

円珍から第十六代座主良源までは、『今昔物語集』や『宇治拾遺物語』などの説話に登場する増命や、平将門の乱に際し降伏祈願をした尊意のほかに、千日回峯行の創始者相応や、天台密教を集大成した安然が有名で、そのほかは歴史に名をとどめる高僧名僧がおら

図7　良　源　像

ず、平凡な時代が流れた。

そこに、突然起こった山上の堂塔の焼失はあまりに大きく、再建は難中の難事業だったが、良源の知恵と努力によって、みごとに一代で復興にこぎつけた。

藤原斉信編『慈慧大僧正伝』(『群書類従』所収)によると、良源は延喜十二年(九一二)に近江国(滋賀県)浅井郡で生まれた。父は饗場《あえば》氏とも、宇多天皇ともいわれるが、母は月子姫で、幼名を観音丸といった。父が早死したので、大津の梵釈寺の覚恵のすすめで、良源は比叡山に登り理仙の門に入った。延長六年(九二八)十七歳のとき、師が死去したので、伊勢国(三重県)の郡領船木良見《よしみ》の外護を受け、出家得度して、良見の良をとり、良源と改名した。菩薩戒を天台座主尊意から授けられ大僧となった。良源は喜慶・覚恵らから顕教・密教を学び、その才能が期待された。延長七年(九二九)に良源は比叡山で行われた論義で、東塔の乗恵と問答し、一山の学僧からその異才を賞讃された。

叡山の諸堂が焼失した承平五年(九三五)は二十四歳であった。承平七年(九三七)には奈良の興福寺の維摩会《ゆいまえ》で、基増が講師として招かれると、良源が随行した。この法会は勅使の前で論義の講師をつとめ、認められると僧綱《そうごう》に任ぜられるので、学僧の登竜門であった。

その維摩会とは別に、年代は不詳だが、良源が法相宗の義昭と法論を争ったことがある。そのとき、叡山から奈良への道中で、良源は僧兵に襲われたが、無事に講師をつとめ、高く評価されたという。

良源は円仁派の傍流だったから、円珍派が天台座主を継承するあいだは、出世できず横川の定心坊に住して、長い思索の日々を過した。しばらくして、村上天皇の依頼で、宮中での法華八講の講師をつとめ、さらに続けて、応和三年（九六三）の清涼殿の法華十講にも招かれ、名声が日に月に高くなり、内供奉《ないくぶ》にも任ぜられた。とくに、藤原師輔《ふじわらのもろすけ》の信頼が厚く、師輔の寄進で、横川に法華三昧堂《ざんまいどう》を建立したのをはじめ、つぎつぎと諸堂の再建を進めたが、良源と師輔の深い結びつきがあったからと考えられる。

叡山の中興

藤原氏と良源の結びつきが叡山の復興に大きな影響をおよぼしたとされるので、ではどうして師輔と良源が深い関係になったのかを探っておきたい。

師輔の父忠平とは、東大寺の維摩会で良源が義昭と討論したとき、忠平は良源の才能を認めて縁が深まったという。また、良源が幼少のとき世話になった覚恵の伴僧として忠平の邸をたずねたのが縁で、忠平の死後、追善法要を依頼された。師輔の娘の安子が村上天皇の皇后となり、出産間近いと聞くと、良源は安産祈願をし、祈禱札を師輔に送った。皇后が無事に皇子を出産されると、師輔はひどく喜び良源に「信乃布二十反」を返礼した記録もある。これらの縁で、皇子が皇太子になったとき、良源は護持僧《ごじそう》となった。さらに師輔の第十子の尋禅《じんぜん》が良源の弟子となっている。尋禅は灌頂を受け、天台教学を修めて、第十九代天台座主となり、恵心院を官寺に昇格させたり、年分度者を賜ったり、花山法皇に菩薩戒を授けたりした。永祚《えいそ》二年（九九〇）に入寂すると、飯室谷に葬られたが、この廟は叡山三魔所の一つで、聖域である。慈忍の諡号を賜った。

遅かったけれど良源が康保三年（九六六）に天台座主に就任すると、宮中で熾盛光法《しじょうこうほう》という天台の秘法を修し、三塔の老僧や学匠の支援をとりつけた。座主となってからいっそう藤原師輔の援助を受け、諸堂の復興を進めた。

康保四年（九六七）には法華堂常行堂《じょうぎょうどう》を再建し、安和元年（九六八）には講堂を再建し、その翌年には文殊楼を復興した。さらに、そのころ、総持院・灌頂堂・真言堂が建てられた。また、天禄三年（九七二）には延命院・四王院の復興で東塔の諸堂が一段落すると、天延三年（九七五）から横川中堂の大改造がはじまり、山上の諸堂が目を見はるばかりに復興した。

一方で、叡山の僧風を粛正するため、広学竪義《こうがくりゅうぎ》を盛んにして学僧の養成に力をつくし、

「二十六条式」（廬山寺蔵・重文）を制定した。ところが、この条式に記された僧兵の行動を戒めた条項が江戸時代に誤解され、『大日本史』（徳川光圀ほか編）で「悪僧ヲ聚《あつ》メテ専ラ武杖ヲ講ジ、号シテ衆徒トナス、僧兵コレヨリ起ル」と批判されたが、良源は僧兵の乱暴狼藉を規制したのであった。

良源の著作は『天台霞標』や叡山文庫の史料で多く伝えられているが、自筆の『御遺《ごゆい》告《ごう》』（廬山寺蔵・国宝）と、天台浄土教に強く影響した『極楽九品往生義《ごくらくくほんおうじょうぎ》』などが注目されて有名である。また、『続古今和歌集』には「夢さめて衣のうらをけさ見れば玉かけながら迷ひぬる哉」が所収されている。

良源は永観三年（九八五）一月三日に入寂したので、元三大師《がんざんだいし》とも呼ぶが、七十四歳であった。『小右記《しょうゆうき》』には「四日、（略）昨日天台座主大僧正良源遷化ス」とある。『日本紀略』には永延元年（九八七）の項に「天台座主大僧正良源慈恵大師之号」とある。ところで良源像がじつに多く、最古のものは長寛元年（一一六三）の奥書のある『高僧像』中巻（仁和寺蔵・重文）の白描画《はくびょうが》で、木像では建保六年（一二一八）の銘のある現光寺所蔵（神戸市）と、求法寺所蔵（大津市・重文）が秀逸である。

良源門下では先述の尋禅（慈忍）のほか、覚運・覚超・源信の逸才を四哲と称し、他に三〇〇〇人の門弟があったという。

源　信

源信は恵心僧都《えしんそうず》の名で知られ、『往生要集』の著者として、日本文化史上に輝いている。

源信は大和国（奈良県）葛城《かつらぎ》郡当麻郷《たいまのごう》の出身で、父は卜部《うらべ》正親、母は清原氏であった。天慶五年（九四二）の誕生で、幼名を千菊丸といった。七歳で父を失い、母に育てられた。九歳で比叡山へ登り、良源の門へ入って、顕密二教を修め、師に似て論義にすぐれ、天延元年（九七三）には広学竪義《こうがくりゅうぎ》を遂業《ついごう》し、内供奉十禅師に任ぜられた。『三国伝記』によれば、村上天皇に召されて、朝廷で八講会の講師をつとめ、ご褒美に頂いた布帛《ふはく》を母に届けたところ、母は「世の人を渡せる橋と思ひしに世渡る僧となるぞ悲しき」と詠んで嘆いたという。これを聞いた源信は恥じて権少僧都に任ぜられたとき、固辞したと伝える。

この説話は貴族化した叡山の教団を激しく批判し、名利を捨てて横川に隠棲し、研究と著述に専心したことを示す。源信の名著『往生要集』は中国へ届けられ、高い評価を受けた。また、日本の浄土信仰を盛んにし、法然の浄土宗や、親鸞の浄土真宗、さらには浄土教芸術一般に大きな影響を与えた。

寛和二年（九八六）には『二十五三昧式』を作成し、念仏三昧を修し、臨終に際し極楽

図8　源　信　像

往生できるための念仏会を開いた。寛弘三年（一〇〇六）には『一乗要決』を著し、教学の研究と念仏の実践に明け暮れたが、その翌年寛仁二年六月から飲食を絶ち、五色の糸を阿弥陀仏の手にかけ、称名念仏を続け、仏の来迎《らいごう》を信じて眠るがごとく、さすが『往生要集』の著者らしく安楽死についたと伝える。貴族中心の天台仏教を前進させて、一般庶民に仏法を説いた生涯であった。

高僧と僧兵

良源の高弟で、慈忍と源信を除くと、覚運と覚超が注目される。覚運は京都の出身で、檀那院《だんないん》に住み、藤原道長や朝廷の依頼で、「法華三大部」や『天台四教義』を講じ、恵心流に対抗する檀那流を発展させ、天台宗の充実に尽した高僧である。

覚超は和泉国（大阪府）の出身。良源の門に入って天台を学び、源信の指導を受け、横川の兜率院《とそついん》に住して密教の書を著した。とくに『源氏物語』の「横川僧都」のモデルという説が有力である。

高僧のほかに、良源の叡山中興の歴史で忘れてはならない存在に僧兵がいる。南都（奈良）北嶺（叡山）と双称された仏教を護持した名もなき僧兵たち。袈裟頭巾《けさずきん》をかぶり、法衣に身を包み、腹巻・葛袴《くずばかま》・足駄《あしだ》、そして左手の珠数《じゅず》、右手に長刀《なぎなた》の山法師は弁慶の姿でおなじみである。しかし評価は悪く、「乱暴狼藉・無理難題」を平気で行う者といわれ、『平家物語』や『太平記』に多く登場する。詳しくは拙著『僧兵盛衰記』(三省堂刊)を読んでいただきたい。なぜ僧兵が活躍したかというと、当時の日本の警察力は弱体で、寺社や貴族は生命財宝を自衛しなければならなかったので、必然的な存在だったのである。

とにかく、良源は叡山を復興しただけでなく、叡山の僧風を粛正し、滅後は元三大師と親しまれ、鬼大師・豆大師の護符によって、多くの庶民に信仰され、宗内宗外から尊敬された。また、現存する「アイウエオ五十音図」の最古の写本は良源が所持していたものだといわれ、おみくじの創始者であるなど興味のつきない天台の高僧である。

慈　円　百人一首の「おほけなくうき世の民《たみ》におほふかなわが立つ杣《そま》に墨染《すみぞめ》の袖《そで》」の作者慈円は、『新古今和歌集』に西行九四首につぐ九一首を残し、また、日本最初の史論書『愚管抄』の著者であり、天台座主を四度もつとめ、文学的才能を発揮した高僧である。

慈円は久寿二年(一一五五)に生まれた。父は関白藤原忠通《ただみち》で、母は藤原仲光の娘加賀であった。同母兄に関白兼実《かねざね》や道円らがいた。生まれた翌年に保元《ほうげん》の乱が起こり、二歳で母を失い、十歳で父も他界したので、藤原経定の未亡人の手で育った。そんな生い立ちから、永万元年（一一六五）に青蓮院の覚快法親王のもとで出家することとなり、天台座主明雲に師事して仏道を歩くことになった。慈円は覚快が検校《けんぎょう》だった無動寺で千日入堂の行をはじめた。嵐をおかし、雪をしのいで、仏に花を供え、閼伽《あか》（水）をくんで、持戒行法のきびしい日を過した。慈円の歌集『拾玉集《しゅうぎょくしゅう》』にその体験を詠んだものが多く所収されている。

貴族の家に生まれた慈円が、叡山の学生と堂衆の対立紛争のなかで、葛川明王院の参籠行や断食行にいどんだが、世俗的な醜い争いからのがれたくなって、しばらく、京都西山の善峰寺に隠遁し、『法華経』の和歌をつくることに専心したこともあった。

覚快が入寂し、その跡を継いだ慈円は、兄兼実が関白となったので、平等院や法成寺の執事となり、天皇の護持僧もつとめ、建久三年（一一九二）には天台座主となった。そして、権僧正に昇進し、建久六年（一一九五）には無動寺で勧学会《かんがくえ》を開いた。ところが兼実が失脚すると、天台座主を辞して和歌に精進した。その後、後鳥羽上皇より切望されてふたたび天台座主に就任し、大僧正となった。そして承元元年（一二〇七）には四天王寺（大坂）の別当となり、その発展に尽した。

慈円著『愚管抄』には「歴史観は成住《じょうじゅう》壊空《えくう》の四劫観や正像末三時思想」にもとづきと

あって、道理を尊重する史論書として高く評価されている。かくて、慈円は嘉禄元年（一二二五）九月に、叡山の東麓の坂本の小島坊で、七十一歳の生涯を終った。墓は無動寺谷にある。

叡山の復興

信長の叡山焼討ち

比叡山にとって、最大の法難は、元亀の織田信長の焼討ちであろう。良源の叡山中興から信長の焼討ちまでの比叡山の歴史を寸見すると、まず、山門（延暦寺）と寺門（園城寺《おんじょうじ》）の激しい対立抗争があり、仏法・王法の滅亡が心配されたが、一方では比叡山の西麓（京都市側）に天台の諸門跡《もんぜき》が創建された。それから、叡山を出た鎌倉新仏教の祖師たちが、曹洞宗・臨済宗・浄土宗・浄土真宗・日蓮宗などを誕生させた。

また、中世の荘園の経営にすぐれた延暦寺の手法が加えられ、農産物の増加や、荘園市場で活躍する中世地方商人を誕生させた。「今堀日吉神社文書」（滋賀県八日市市・重文）

によると、比叡山から派遣された得珍らが農村を指導し、保内商人を活躍させている。

さらに、朝廷と幕府の争いがくり返され、承久の乱（一二〇九年）や正中の変（一三二四年）には、叡山の僧兵が動員され、いずれも失敗した。

後醍醐天皇は護良《もりよし》（尊雲）、宗良（尊澄）の両親王を天台座主に送りこんで、叡山の僧徒を味方にし、楠《くすの》木《き》正成《まさしげ》らと幕府を亡ぼし、建武の中興を実現し、尊雲を還俗《げんぞく》させて征夷大将軍としたが、わずか二年でつぶれた。根本中堂の近くに「大塔宮護良親王御遺跡」の立派な碑があり、『太平記』に詳説されている。

中世の延暦寺は朝廷に味方したので、つねに幕府と対立し、幕臣の佐々木道誉《どうよ》が妙法院を焼討ちするという事件も起こった。比叡山の麓で馬借《ばしゃく》一揆といわれる日本ではじめての大衆運動も起こったが、延暦寺の影響があったに違いない。このころから、坂本の穴太《あのう》衆が頭角をあらわし、里坊や安土城の石垣などにすぐれた技術を残したが、延暦寺の外護があったのを忘れてはならないであろう。

このように、延暦寺にとっても中世の暗黒時代に入ると、天下は戦国の世となり、下剋上といわれる内乱がくり返された。この乱世を統一して天下をとり、近世の扉を開いたのが織田信長であった。

その信長が、天下統一を実現するため、協力しない比叡山に対し、山門領を安堵するから、信長に従うよう通告してきた。しかし、山門は朝倉・浅井の外護が強かったので服従しなかった。

元亀二年（一五七一）であった。信長と対戦していた朝倉・浅井の軍が信長に追われて比叡山へ逃げこんだ。そこで、信長の比叡山焼討ちとなったのである。

焼討ちの実態

『信長公記《しんちょうこうき》』によると、「若し我に応援するならば、その分国中の山門領を返還すべし。応援し難ければせめて中立せよ。若し此の二箇条を聞き入れざるに於て、根本中堂、山王二十一社悉《ことごと》く焼き払ふ可し」と信長が延暦寺へ伝えたという。その結果を『言継卿記《ときつぐきょうき》』には「男女僧俗三千人伐捨《きりすて》、翌十三日は横川仰木に亘《わた》りて焼残りを更に出火」とある。また、『耶蘇会士日本通信』にも「山麓にある偶像及び七基の神輿を悉く焼き棄て」とある。さらに、『信長公記』には「悪僧の儀は是非に及ばず。是は御扶《たす》けなされ候へと声々に申上げ候といへども、中々御許容なく、一々に頸《くび》を打ち落」したとある。そして、山上では「堂塔四千五百舎」をすべて灰にし、「二千人を殺す」とある。これらの史料により、たとえば、『日本歴史12　天下統一』（中央公論社刊）では「信長は山門の焼討ちを決行する。（略）延暦寺の堂塔ことごとく放火し、いったん焼け残ったものにも見つけしだい重ねて放火し」たと記し、「延暦寺衆徒はもとより坂本町方の土民など無辜《むこ》の民衆も数多く死んだ。ここに八百年の伝統をもつ山門は滅亡した」とある。また、『新修大津市史3』にも、「比叡山の根本中堂をはじめ、三塔に散在した四五〇〇の堂塔はすべて灰燼に帰したが、老若男女あわせた犠牲者は実に三千人の多きにのぼったといわれている」とある。信長の天下統一に際しての戦乱では最大の悲劇であった。そして、歴史家は焼討ちが「警告を受入れなかった叡山の責任」とか、「叡山の山内は、出家の作法が忘れられるほどに腐敗」したためと論じている。

しかし、この諸説に疑問をもつ。たしかに叡山の焼討ちは事実であった。しかし、「僧俗三千人伐捨」のなかに高僧がほんとにすべて含まれていたのか。「三塔に散在した四五〇〇の堂塔はすべて灰燼」は事実だろうか。じつは西塔の瑠璃堂（室町時代・重文）は現存しているし、秀吉の攻撃を受けた安楽律院所蔵の「阿弥陀聖衆来迎図《しょうじゅらいごうず》」（国宝）が高野山にある。たしかに、西塔の釈迦堂の裏山にある弥勒石仏は火を浴びているが、横川の霊山院にあった「十界図」（うち六道絵は国宝）は聖衆来迎寺（滋賀県大津市）にある。また、東京の寛永寺にある「元三大師絵像」（国宝）も信長以前に比叡山にあったことが明らかである。

それから、叡山の諸堂跡の発掘によると、信長の焼討ち時代の焼土と断定できるものが少ないのである。詳しくは武覚超著『比叡山三塔諸堂沿革史』(叡山学院刊) の研究がある。

新井白石は『読史余論』で、「其事は残忍也と雖、永く叡僧の凶悪を除けり」とあるが、叡山を焼討ちしたのは、信長に抵抗した叡山を討ったのでなく、叡山へ逃げた朝倉・浅井を攻めたのであった。

そこで、叡山に現存する東塔の「千手観音像」(平安時代・重文)、「不動明王」(室町時代・重文)、西塔の文永二年 (一二六五) の胎内銘のある「慈恵大師像」(鎌倉時代・重文)、横川の「聖観音立像」(平安時代・重文) など、すべて信長以前のものなので、その由来を研究したい。

そして、焼討ちから一〇年あまりたった天正十年 (一五八二) には「比叡山再興勧進帳」が作られ、「紙本墨書山門再興文書」(天正十三年・重文) によって、根本中堂や釈迦堂が建つと、落慶法要に天台の生き残っていた高僧三十余名が参列していたのである。このように考えると、『信長公記』などの記事はすべてが事実でなく、文学表現もあるといわねばならない。

天海と叡山の復興

延暦寺にとって、最大の法難だった信長の焼討ちによって、完全に天台宗が消滅したかに見えたが、本能寺で信長が明智光秀に討たれると、死をまぬがれて地方に散っていた高僧たちが叡山へ戻ってきた。すなわち正覚院豪盛・南光坊祐能・施薬院全宗・観音寺詮舜・恵心院亮信らで、ただちに叡山の復興が計画された。しかし、なかなか進まず難航した。それをみごとに解決したのが天海であった。天海も比叡山から逃げていた一人であった。叡山の焼討ちでは無差別殺人が行われたというが、叡山の頭脳（高僧たち）は守られていたのである。

叡山の復興には天海が突出しているので、信頼できる東源選『慈眼大師伝』などにより略伝を述べる。天海は東北の会津の出身というが、生年も出自も異説が多く、なかには明智光秀その人だという珍説まである。没年も八十五歳から百三十八歳まで諸説があって定説はない。会津の領主蘆名氏の一族で、百八歳まで生きたという説に従うと、天文五年（一五三六）の誕生となる。そして、会津高田の竜興寺（一説には若松稲荷堂）で出家し、その後、宇都宮の粉河寺《こがわでら》の貞舜から天台を学び、それが縁で比叡山に登り、神護寺の実全から檀那流の天台三大部を修し、玄旨帰命壇の灌頂を受け、密教の奥儀を伝えたという。

また、園城寺の勧学院の尊実から倶舎《くしゃ》・華厳《けごん》を教えられ、さらに奈良の興福寺で、法《ほっ》相《そう》・三論を修学した。つまり、天下の四大寺である延暦寺・園城寺・興福寺で、当時の仏教の最高を広く学んだのが天海の将来を決めたのである。

元亀二年（一五七一）に信長が叡山焼討ちを決行したとき、信長の命に従わなかった明智光秀や羽柴秀吉のはからいで、学僧たちの多くが宝物を持って叡山から逃れた。そのなかに、亮信や豪盛らと行をともにした天海がいた。豪盛らは天台宗に帰依《きえ》していた甲斐（山梨県）の武田信玄に身を寄せた。

甲斐での天海は、豪盛らから恵心流の奥義を学び、武田氏の依頼で論義の講師《こうじ》をつとめ、その学才が認められた。武田氏が叡山からきた高僧を優遇したのは、上杉謙信を亡ぼし天下をとるためであったという。

その後、武田氏から離れた天海は会津へ帰ったが、伊達氏に追われた蘆名氏に従って、また、常陸（茨城県）へ同行し、同地の不動院の住職となり、川越の喜多院の豪海に師事する縁ができたと伝える。

叡山へ帰った高僧たちはただちに堂塔の復興を申請したが秀吉は許さなかった。天正十二年（一五八四）にやっと再建の免許状がでた。詮舜の兄賢珍が秀吉の知遇をえたのが功を奏したのである。さらに、豪盛が戒壇院・無動寺・浄土院・恵心院・横川中堂・大講堂

図9　天海坐像

などの勧進状を作成した。しかし、秀吉は信長の命令にこだわってか、わずか二〇〇〇石しか出さなかった。

ところが、天海が天正十八年（一五九〇）に小田原で徳川家康に会うと、肝胆相照らす仲となり、よほど気に入ったのか、その日に家康は浅草寺を祈願所とし、川越の喜多院の復興を約束したという。

根本中堂の仮堂には出羽（山形県）の立石寺から不滅の灯明が移され、美濃（岐阜県）の横蔵寺から本尊として薬師如来を迎えた。いよいよ寛永十一年（一六三四）には総工費四九五九貫で、根本中堂の再建がはじまり、家康は五〇〇〇石を与えた。一石約八万円とすれば、毎年四億円の固定歳入であった。

慶長四年（一五九九）に喜多院の豪海が入寂し、天海は同院の住職を継ぎ、ここを拠点に関東天台宗の発展に尽すことになる。

関ヶ原の合戦で勝利した家康は秀忠に将軍職を譲り、家康は駿府城（静岡市）にこもると、天海らの学僧を招いて論義を開いた。

慶長十二年（一六〇七）には、家康が天海に叡山復興を命じたので、天海は叡山東塔の南光坊に入った。一方、天海は日光の光明院を復興した。天海は京都の金地院《こんちいん》崇伝《すうでん》とともに、幕府の顧問として、家康の頭脳といわれるほどだったから、徳川三〇〇年の幕府制度に天海の影響があったものと推察される。その具体例を立証する紙数に余裕はないが、家康が元和二年（一六一六）に駿府城で没すると、その葬儀や神号について、吉田神道による崇伝の主張と対立したが天海の主張が通り、一実神道によって久能山（静岡市）に葬った。後に日光山（栃木県）へ御廟が移され、日光東照宮の造営となった。

天海の企画になる東照宮の社殿は、金銀極彩色の壮麗さをきわめ、輪王寺宮も創始され、日光は天下一となった。この日光の造営において甲良《こうら》大工（滋賀県犬上郡甲良町）の豊後守宗広が惣棟梁をつとめ高度な技術を発揮しているのも、天海の紹介があったからである。

家康なきあと、天海は秀忠・家光の信任をえて、東京上野に寛永寺を建立し、徳川歴代将軍の菩提所とした。天海は比叡山根本中堂を復興したほか、元和元年（一六一五）には滋賀院門跡を建立し、寛文五年（一六六五）には毘沙門堂が再建されるなど、数えられないほど全国の寺院の創建・再建に天海の息がかかった。また、『天海版一切経』の出版など、天台宗の内外に残した功績は大である。

天海が叡山の復興を命ぜられて四〇年を経た寛永十九年（一六四二）に根本中堂が竣工し、信長の焼討ちをのがれた三十余名の高僧が落慶法要に参加した。天海だけの功ではないが、家康と天海の深い縁が、今日に伝える世界文化遺産延暦寺を形成したのである。

寛永二十年（一六四三）に、家光らの厚い看護も空しく天海は入寂した。辞世に「気は長くつとめは堅く色うすく食細うして心ひろかれ」がある。墓は大津市坂本の慈眼堂で、後光明天皇から慈眼《じげん》大師の諡号を賜った。

天海の功績は第一に叡山の復興だが、それよりも、徳川三〇〇年の戦乱なき平和をもたらした諸制度の成立にかかわったことである。天海の知恵に光をあて再評価したい。それは、明治以降の天台宗の宗勢にも貢献したのである。

叡山の堂塔と仏たち

国宝・重要文化財の建造物

根本中堂

国宝の木造建造物では、日本で第三位の大きさを誇る根本中堂の前に立って、比叡山きっての文化財を鑑賞したい。文化財は三つに分類できる。一は誰でもいつでも見られる国宝・重要文化財（重文）の建物である。二は手続きさえふめば容易に誰でも拝観できる国宝・重文である。三は丁寧に頼んでも特別の場合を除いて絶対見られない秘仏・秘宝である。

ところで、現代の日本の文化財は時代と芸術性などにより、一位国宝、二位重文、三位府県市町指定などと段階的に評価されている。しかし、筆者の考える文化財観はつぎのようである。第一級の文化財は、見た目に芸術性があり、多くの人の心を豊かにし、さらに、より多くの人の生活を保障するものでなくてはならないと思う。根本中堂は文化の香り高く、多くの人びとの生活を豊かにしている。画家・写真家の文化再生産に役立ち、信者や観光客に感動を与え、多くの僧の生活を支えている。比叡山にとって第一級の文化財である。

根本中堂は最澄が南都に失望して故郷に帰り、はじめて比叡山に登って、延暦七年（七八八）に建てた草庵一乗止観院が発展したものである。それが平安新仏教を求めた桓武天皇と、縁を結ぶことによって、平安京の鬼門を守護する道場となり、延暦寺の根本中堂となった。しかし、何度も災害にあって焼失し、現在の建物は寛永十九年（一六四二）に徳川三代将軍家光のとき再建された。桁行《けたゆき》一一間、梁間《はりま》六間、一重・入母屋造りである。ぜひ見落とさないで見てほしい所がじつに多いが、なかでも軒唐破風の出入口、正面柱間《はしらま》の中央三間の桟唐戸《さんからど》、縦横に組んだ木に板を入れた扉、内部彫刻の豊かな蟇股《かえるまた》、縁《えん》の擬宝珠《ぎぼし》の高欄、黒漆塗りの建具など、いずれも驚くほど立派である。

室内では、まず天台様式である内陣・中陣・外陣を静かに眺めたい。内陣の床が外陣の床より三㍍も低く、中央に薬師如来を安置し、その前に「不滅の法灯」があり、中陣の玉座と本尊の位置が同じ高さという仏と人とが平等の思想を表現している。中陣の格天井の

「百花」の絵は全国の諸大名の寄進である。大屋根を支える八六本の柱もみごとである。

不滅の法灯は天台仏教を永遠に護持し、菩薩僧を養成して、極楽浄土である仏国土を建設せんとする願いの表現である。

外陣では団体参拝者に対して駐在布教師の法話がある。とくに、修学旅行の中学生や高校生も、じつに神妙に話を聞くので、一般参拝者の心を打つ。筆者も大学で五年ほど前から「西国巡礼歌」の講義をしているが、選択科目であるにもかかわらず、毎学期四〇名ほどが受講し、異常なほどに興味を示す。青少年の多くは宗教体験や法話を求めているのに、教師側がひどく迷っているのが現代の日本である。

根本中堂を単に文化財として、観光の対象としてしか見ない人が多いが、何回も団体を案内した経験からいうと、御修法などの千古の法儀を行う道場であることなど説明すると、百パーセント大人も青少年も感動する。根本中堂は、教育者や宗教家が反省させられる殿堂といわねばならない。それは歴史と文化の深遠さをたたえていることが最大の原因であろう。

重文に指定されている根本中堂の廻廊も、先人の物理学的知能を示す建築様式を学ぶだけでなく、天台哲学に迫ることの大切さを示唆する聖域をかもしだしている。

比叡山の重要文化財に指定された建造物を東塔・西塔の順に紹介しよう。

重要文化財指定建造物

〈大乗戒壇院〉　平安時代までは天下の三戒壇（東大寺・関東―薬師寺・九州―観世音寺）で小乗戒を受けて大僧となったが、最澄の尽力で、死後大乗戒壇の建立が許された。現在の建物は延宝六年（一六七八）のもので、方三間・一重・裳《も》階付《こしつき》・栩板葺《とちいたぶき》の宝形造りである。外観は二重屋根で、正面は唐破風、中間三間は桟唐戸で、内部は石や瓦を敷き、母屋は三間四方で、石造の戒壇がある。

〈大講堂〉　むかしは壮麗な建物だったが、昭和三十一年（一九五六）に焼失したので、山麓の讃仏堂を山上に移した。桁行七間・梁間六間・入母屋造り・銅板葺で、寛永十年（一六三三）の墨書がある。広い外陣と内陣の須弥壇《しゆみだん》には極彩色の彫刻がある。堂内には各宗の祖師像を安置し、伝統ある法華大会などの法要が行われる。

〈釈迦堂〉　西塔の中心にあって、転法輪堂といい、規模は桁行七間・梁間七間・一重・入母屋造りで、栩葺を模した銅板葺である。現存する比叡山の建物では最古のもので、園《おん》城《じよう》寺《じ》の弥勒《みろく》堂（金堂）を、秀吉の命で文禄四年（一五九五）に山上へ移築した。鎌倉時代の和様建築の様式がよく表現されている。正面柱間の全部と両側面二間が板扉で、その他は板扉と連子《れんじ》窓である。内部は外陣が板張りで、内陣は土間となっており、外陣より床が

図10　大　講　堂

低い。蟇股《かえるまた》と格子型に組んだ組入天井がひときわ見どころである。いうまでもなく天台様式の建造物である。研修者の止観の道場でもある。

〈常行堂・法華堂〉　この二つの堂は並んで建ち、渡り廊下で連絡している。だから弁慶の荷《にな》い堂とも愛称されている。あたかも天秤棒で両方に荷を持つ姿に似ている。両堂とも同じ様式である。桁行五間・梁間五間・一重・宝形造り・向拝一間・屋根は栩葺である。文禄四年（一五九五）に釈迦堂とともに再建された。常行堂の本尊は阿弥陀如来で、法華堂の本尊は普賢《ふげん》菩薩である。両堂とも常に修行僧が籠ることが多く、内部の拝観はほとんどできない。

〈相輪樘《そうりんとう》〉　西塔の釈迦堂の奥にある。三重塔・五重塔などの屋上につけられた九輪が独立したものである。幢柱《とうちゅう》の銘板に、弘仁十一年（八二〇）の建立とあるが、現存のものは明治二十八年（一八九五）に再鋳されたもので、国の重要文化財に指定されている。幢中には「法華経・毘盧遮那《びるしやな》経以下五十八巻」が納めてあり、樘（塔）の高さは一三・六三メートルである。

〈瑠璃堂《るりどう》〉　釈迦堂の小道を少し入ったところに建つ。方三間・一重・入母屋造り・檜皮《ひはだ》葺である。禅宗様で、正面両脇の間に花灯窓《かとうまど》・桟唐戸がある。内部は中央うしろよりに須弥壇があり、薬師瑠璃光如来を安置するので、瑠璃堂という。創建年代は不詳だが、一般には信長の焼討ち以前のもので、室町時代の建築とされている。瑠璃の名にふさわしくじつに美しい。

このほか、横川の四季講堂（県重要文化財）、阿弥陀堂鐘楼（県重要文化財）、文殊楼（市重要文化財）などがある。

未指定建造物

比叡山の山上と山下には、文化財に指定されていないが注目すべき建物がある。

東塔には浄土院・無動寺明王堂・阿弥陀堂・寂光堂・惣持院東塔・大書院がある。浄土院は山内でもっとも清浄の聖地である。弘仁十三年（八二二）に入寂した最澄の遺言を円仁が守って、仁寿四年（八五四）にこの地に阿弥陀如来を安置し、そのうしろに、御廟を建てて、中国五台山竹林寺の法式により、廟供という法儀を修したと伝える。現在は十二年籠山の僧が中国の天台山国清寺の清規《せいき》に従って、毎日生身の祖師に仕えるごとく奉仕している。拝殿の裏の御霊屋《おたまや》には左右に菩提樹と沙羅双樹《さらそうじゅ》（夏椿）が植えてある。

無動寺の本堂明王堂は回峯行の根本道場である。ほかに法曼院・大乗院・建立院・玉照院・弁天堂があるが、いずれも建物に注目したい。阿弥陀堂は戒壇院の隣りにある新しい建築だが、昭和十二年に山口玄洞氏が寄進した。京都の法界寺（国宝）を模している。阿弥陀堂の裏の寂光堂と、廊下続きの法華総持院東塔と、その先にある灌頂堂はいずれも昭和の建築ながら粋を尽した朱色が輝いている。

現代人は国宝・重要文化財に指定された建物を珍重するが、現代の文化財建物も重視したいものである。

大書院は延暦寺事務所の隣りにある。村井銀行の村井吉兵衛が大正時代に、東京の赤坂山王台に建てた建物を昭和三年（一九二八）に移築したものである。当時国鉄はずいぶん苦労して建材を運んだという。木造二階建の壮大な書院造りで、桂離宮《かつらりきゅう》や醍醐三宝院の様式が応用され、旭光の間、桐の間、孔雀《くじゃく》の間など、いずれも趣向をこらした建築で、延暦寺の迎賓館である。

西塔では本覚院・青竜寺がある。とくに、別所黒谷の青竜寺は叡空・法然の修行地である。境内の石仏と、紅葉に映えた建物がすばらしい。

横川には、横川中堂・根本如法塔・御廟・飯室不動堂・松禅院などがある。横川中堂は昭和の建築ながら、舞台造りの堂々たるもので、内陣・外陣のしつらえもなかなか立派である。

坂本には滋賀院門跡が魅力であるほか、生源寺・求法寺・慈眼堂・律院・寿量院・瑞応院・双厳院・宝積院・薬樹院・円乗院・明徳院など庭と穴太《あのう》積みのよくマッチした里坊がたくさんある。

文化財の仏像・書跡・工芸

仏像

比叡山の仏像で重要文化財に指定されたものは意外に多いが、平素は秘仏で拝観できないものがある。しかし、国宝殿に安置されるものも多いので、代表的なものの解説をしておく。比叡山では諸堂に安置された仏像はすべて信仰の対象なので、一般の博物館や美術館に展示される仏像と違った態度で拝観してほしい。仏像を美術品として鑑賞するのは自由だが、信仰の対象となる仏像はしかるべき心で拝観しないと価値が半減する。

〈東塔〉無動寺明王堂の木造不動明王二童子像（鎌倉・重文）がある。三尊像とも檜材の寄木造り・彩色・金切文様・玉眼である。不動明王は六七・九センチの高さで、右目を開き、左目を伏せた天地眼の形相で、右手に剣を、左手に羂索《けんさく》をもって岩上に坐している。矜羯《こんが》羅《ら》童子は左手に経巻、右手に蓮華を持ち、岩座に半跏坐、制吒迦《せいたか》童子は左手に宝棒を握り、右手は岩上につき、両脚を軽く組んで、岩上に坐している。ここまでは美術的鑑賞だが、不動明王は日本で豊かに展開した仏なので、怒り狂う生命力の表現があり、悪を炎ですべて焼き尽くすという不動明王の激しい心に迫って拝観したいものである。明王堂の不動明王は両側に降三世《ごうざんぜ》明王・軍荼利《ぐんだり》明王・大威徳《だいいとく》明王・金剛夜叉《こんごうやしゃ》明王を安置している。いずれも六七センから八二センの小仏だが、保存がよい。明王像はバラモン教の神々が仏教のために奉仕する姿なので、政権交代のとき、戦いに敗れた敗将の在り方を示すものである。

〈飯室《いむろ》谷〉　不動堂の本尊不動明王立像（鎌倉・重文）は寄木造り・古色・天地眼のいかめしい姿ながら、凜々《りり》しい童顔を感じさせ、たくましい肉体を包む条帛《じょうはく》や裾の衣文が流麗である。不動明王の霊力により二〇〇〇日の回峯行をなしとげた大阿闍梨が現在飯室に住んでいるため、信者の参拝が多い不動堂である。

〈坂本〉　玉蓮院の木造不動明王二童子像（鎌倉・重文）も、三像ともに檜材寄木造りで、彩色・切金文様のすぐれた姿である。不動明王は五〇・九セン、矜羯羅《こんがら》童子は二四・五セン、制《せい》吒迦《たか》童子は二四・八センで、明王の顔の向きが珍しい左向きである。

図11　不動明王二童子像（玉蓮院）

同じ里坊である大林院の不動明王坐像（平安・重文）もすぐれている。像高は五一・五㌢《センチ》で、檜材の一木造り。内刳《うちぐり》、膝前と両腕矧付《りょううでひきつけ》、彫眼で、きわめて古色である。頭上に大きめの蓮華をのせ、髪は総髪、弁髪は左肩に垂下し、上歯が下唇を噛んでいる。台座と後背は後世の補修という。真言宗の東寺講堂に安置されている不動明王像とよく似ているので、比叡山が信長の焼討ちの後に真言宗から贈られたものか、延暦寺が模して造像したものかも知れない。いずれにしても、天台宗と真言宗が親密な関係にあったことを示唆する明王である。

〈大黒天〉　西塔の政所には欅材の一木造りの大黒天半跏像（南北朝・重文）がある。宝冠をつけ、甲を身にまとい、右手に袋、左手に宝棒を持って岩座に半跏坐の姿である。大黒天は福徳の神であるが、古くは護法神であった。ここの大黒天は後者のようである。像高は四七・五㌢《センチ》である。寺院では奥さんのことを大黒さんというが、食糧・財宝を管理するためであろう。

坂本の律院の木造大黒天立像（鎌倉・重文）は像内に正安三年（一三〇一）の銘があり、彩色・彫眼に頭巾を被り、袍をつけ袋を左手で背負い、右手は拳《こぶし》印をあらわし、素足である。肥満体で福々しい顔である。目もとや口もとの笑みに心ひかれる。ここの大黒天は

図12　大黒天立像（律院）

経済界の信者が多いといわれる。

〈観音像〉　東塔の山王院の木造千手観音立像（平安・重文）は、像高わずかに五一・二センチであるが、すぐれた仏像で、翻波式衣文《ほんぱしきえもん》がとくに印象に残る。手は四〇本あるが三六本は後補で、頭上の化仏も新しいものというが心ひかれる仏像である。観音とは観世音のことで、世相を把握し、知恵を働かせて、慈悲の大切さを説く仏である。観音の心を具現せんとした仏師を偲んで山王院の観音を拝すべきであろう。四〇本の手しかなくても千手というのは人間の手は千以上の機能を持っているので、技術を磨いて幸福を求めよと教えているのである。

横川中堂の木造聖観音立像（平安・重文）は、像高一七〇・六センチだが、左手に蓮華を持って蓮台に立っている。檀造風に素地をあらわし、肉付がやわらかで、衣文は流麗な切金文様である。この観音像は度重なる兵火や、昭和十七年（一九四二）の雷火などにも無事に救出されて、今日に伝えられた観音菩薩である。悪夢を何回も切り抜けた痛々しい菩薩である。

〈釈迦如来〉　西塔の釈迦堂の本尊である木造釈迦如来立像（鎌倉・重文）は京都嵯峨の清涼寺式で、像高は七九・三センチである。一木彫りの素地に切金文様が美しく、秘仏である。

図14　地蔵菩薩立像（妙行院）

図13　釈迦如来立像（釈迦堂）

〈阿弥陀仏〉　坂本の滋賀院門跡の木造阿弥陀如来立像（鎌倉・重文）は像高が九七・四チセンで、檜材・寄木造り・玉眼で、螺髪《らほつ》は大粒に彫ってある。肉身は金泥彩で、衣文は切金文様を施してあり、来迎印を結んで蓮台に立っている。阿弥陀如来は極楽浄土の仏で、念仏往生を担当する。

坂本の寿量院には木造阿弥陀如来坐像（室町・重文）がある。像高は一〇八・一チセンで、寄木造り・玉眼であり、肉身は金泥塗り、衣は漆箔である。阿弥陀の定印を結び、面容はふっくらとした円満な相で、流麗な衣文である。光背は舟形の板で、その中央頂きに宝塔がある。この像の両脇には観音菩薩と勢至菩薩が安置され、珍しく正坐式である。

乗実院の阿弥陀如来立像（鎌倉・重文）は像高が七八・八チセンで、仏師快慶が創始した安阿《あんあ》弥様《みよう》という理想化した仏像といわれ、端正な表情と美しい衣文がすぐれている。寄木造りで、螺髪が額にかぶさり、来迎印を結んで、蓮台に立っている。まさに、無量の寿命と光明を放つ衆生済度の仏である。

〈地蔵菩薩〉　日吉馬場の妙行院には木造地蔵菩薩立像（鎌倉・重文）がある。像高は九六チセンで、檜材寄木造り・玉眼・彩色・切金文様で、右手に錫杖《しやくじよう》をもち、左手には宝珠を捧げて蓮台に立つ力強い姿で、しかも温雅が漂う親しみ深い仏である。この像は横川の般

図15　維摩居士坐像（青竜寺）

若谷にあったという。伝説の頬焼地蔵である。

〈居士像〉　黒谷青竜寺の木造維摩居士《ゆいまこじ》坐像（平安・重文）は像高わずか三四・八センチで、異国風をただよわせる彩色の小像だが、日本美術史上の逸品である。完全な一木造《いちぼくづく》りで、両臂《りょうひじ》をつく几《き》まで一木で、みごとな翻波《ほんぱ》式衣文の彫像である。『維摩経』の維摩と文殊の問答の姿を現している。

〈良源像〉　青竜寺には、弘安九年（一二八六）の胎内銘のある木造慈恵大師坐像（鎌倉・重文）がある。像高は七七・三センチの寄木造《よせぎづく》りである。

坂本の求法寺の木造慈恵大師坐像（鎌倉・重文）は像高七八・二センチの寄木造りで、彩色・玉眼である。衣文の一部は切金《きりかね》文様だが、像の底板に文永四年（一二六七）の銘があり、走井《はしりい》の大師として信仰されている。

高僧の肖像彫刻は奈良の唐招提寺の鑑真和上像（天平・国宝）を始源とするが、その後、本格的に展開されたのは比叡山である。なかでも慈恵大師像がもっとも多く注目される。

このほか、比叡山で注目したいのは、滋賀院の吉祥天立像（平安・重文）や別当大師堂の木造光定大師立像（南北朝・重文）などである。

〈絵画〉　天台大師画像二幅（鎌倉・重文）がある。下部の讃に「大唐貞元廿一年正月卅日」とあるので、最澄が入唐して将来したものに当てようとするが、原本であるかどうかは疑わしく、転写本かも知れない。

坂本の大林院に不動明王二童子像一幅（鎌倉・重文）がある。巨大な青不動明王が、燃えさかる火焔《かえん》を背負い、二童子を左右に配して、画面いっぱいの海中の岩座に立っている。髪は金泥の毛筋の入った巻髪《けんぱつ》で、左肩に弁髪《べんぱつ》を垂れ、前頭部に頂蓮だけがついている。力強い堂々たる迫力を示す不動明王像である。

延暦寺蔵の不動明王三大童子五部使者像（鎌倉・重文）は波の間につきでた岩の上に坐

図16　天台大師画像（延暦寺）

し、両眼を開いて、右手に剣、左手に索を持つ。燃え盛る火焔を背にした青不動の右下に、矜羯羅《こんがら》と恵光の二童子を描き、左には制多迦《せいたか》と五童子が跪坐して合掌している。台密系の不動尊として定評がある。

実蔵坊の毘沙門天像（鎌倉・重文）は、左手に宝塔、右手に宝棒をとる力強い姿である。右下には妃の吉祥天、左下にその子の善膩《ぜんに》師童子の三尊形式の一幅である。『毘沙門天王経』にもとづく、持経の行者を守護する功徳を願って描かれた絵像である。

延暦寺蔵の相応和尚像（鎌倉・重文）は無動寺明王堂に伝えられたもので、墨線を主に彩色をひかえた手法が的確な描写となっている。画面の下方に回峯行者の草鞋《わらじ》が一足描いてあるのにも心をとめたい。

このほか、延暦寺の文殊菩薩像一幅（鎌倉・重文）、明徳院の地蔵菩薩像一幅（鎌倉・重文）なども注目したい。

また、天台のすぐれた仏画として特筆したいものに、山王本地仏曼荼羅《まんだら》図一幅（鎌倉・重文）がある。礼拝講の本尊として用いられるので、山上山下の諸坊にあるものだが、この一幅は優作である。また、安楽律院蔵の天台九祖像も注目される文化財である。

彫刻は信長の焼討ちで、やや劣るが、書跡類はじつにすぐれた貴重品が現存している。なぜ残っているかの理由は不詳だが、焼討ちで殺されなかった叡山の高僧が死守したか、あるいは復興してから入手したのであろう。

書跡

〈伝教大師将来目録一巻（平安・国宝）〉　最澄が入唐《にっとう》したとき、越州で書写した経論疏類の目録で、台州録が焼討ちで失くなったので、貴重なものである。末尾に「貞元二十一年（八〇五）」とある。とくに、明州の長官鄭審則《ていしんそく》の雄勁《ゆうけい》な筆致の跋文があるのが魅力で、用紙八枚を継いで、「明州之印」が八個ある。「日本国求法僧最澄目録」と題し、「二百三十部四百六十巻云々」とも記してある。

〈羯磨《かつま》金剛《こんごう》目録一巻（平安・国宝）〉　比叡山の鎮国道場とした止観院の根本経蔵に納めたもので、「御経蔵聖経目録」の名で知られているが、そのなかに最澄自筆が入っている。紙面の各所に「延暦寺印」があり、末尾に「弘仁二年（八一一）七月十七日最澄永納」とある。第一に「羯磨《かつま》金剛《こんごう》・禅鎮《ぜんちん》師子《しし》」などとあり、第二に「白角如意《にょい》壱柄」、第三に「水精念珠・蓮子念珠」などと書いてある。いずれも、中国から将来した「法宝（仏具）」である。この目録は日本書道史の資料としても大切な文化財である。

〈天台法華宗年分縁起一巻（平安・国宝）〉　有名な山家学生式など六種類の文書を一巻

にまとめたもので、前の三文書は延暦二十五年（八〇六）のもので、年分縁起としてもっとも基本的なもので、延暦寺の弟子養成の学則である。最澄の自筆である。

〈六祖恵能伝一巻（平安・国宝）〉最澄が中国から将来した書籍の一つで、末尾に「貞元十九年（八〇三）」とある写本で、「天台第一澄封」と自署されている。「澄」とは最澄のことである。最古の六祖伝として珍しい資料である。

〈伝教大師入唐牒一巻（平安・国宝）〉明州の牒状と、公験《くげん》一通をもって一巻としたもので、天台山へ行くための中国側の通関証である。台州の長官陸淳の署名がある。

〈嵯峨天皇御筆光定戒牒一巻（平安・国宝）〉平素は勅封で、延暦寺の秘宝だから公開されないが、最澄の高弟光定が菩薩戒を受けたときの戒牒である。これは彦根藩主井伊家から延暦寺へ寄進されたものと伝える。

〈伝述一心戒文三帖（平安・重文）〉最澄が晩年に天台円頓菩薩戒の樹立運動に命をかけた全貌がわかる重要な史料である。最澄は弘仁九年（八一八）から大乗戒壇の独立運動を展開したが、その実現のために光定は全力を尽して朝廷と交渉に努力した結果、最澄没後七日目にやっと勅許となった。その経緯がすべてこの史料で明らかである。

このほか、「道邃和尚伝道文（平安・重文）」、「山門再興文書（桃山・重文）」などがある。

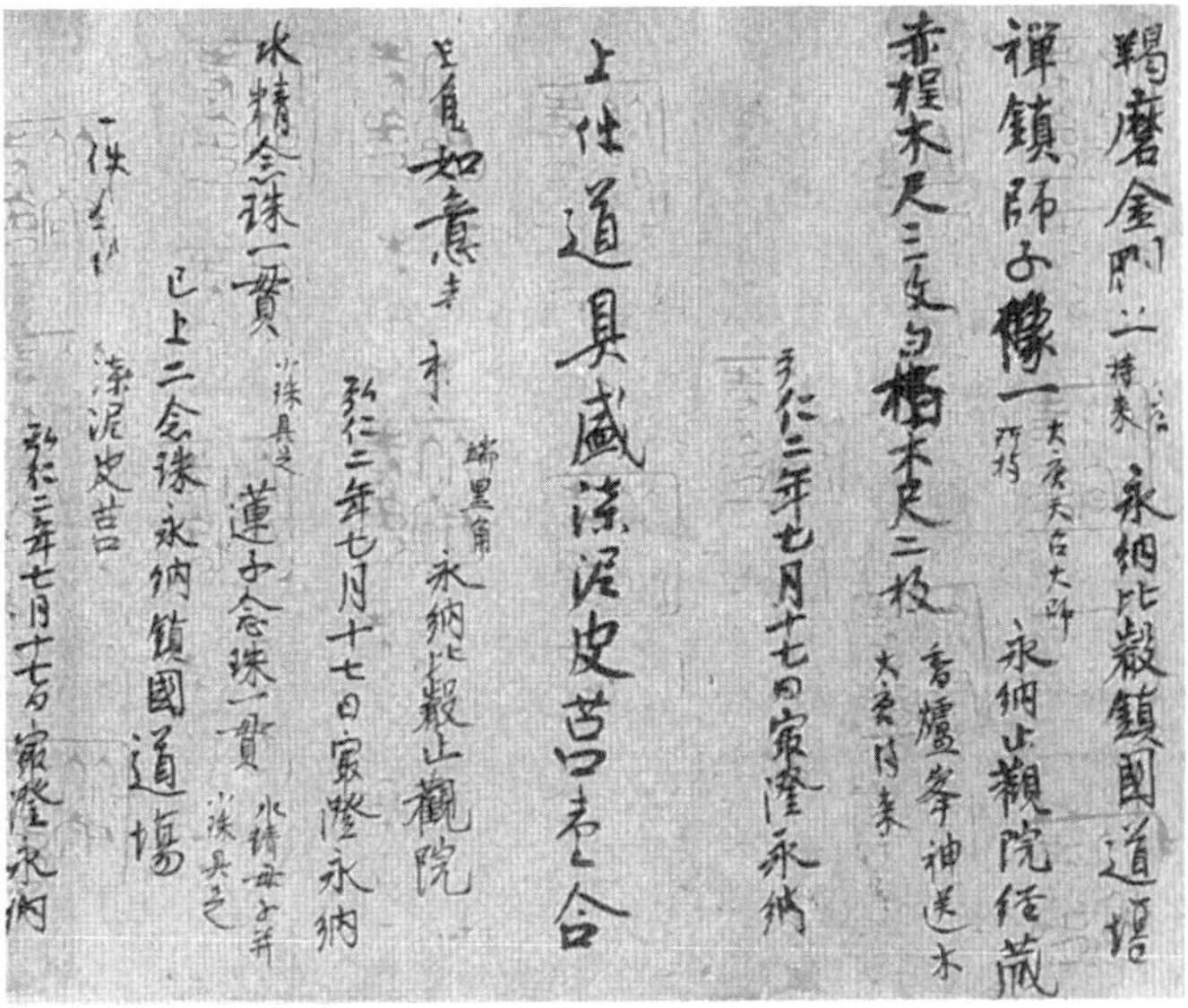

羯磨金剛二 持来 永納比叡鎮國道場
禅鎮師子像一 大唐天台大師所持 永納比叡山観院経蔵
赤桯木尺二支 白檀木尺二枚 香爐峯神送木 大唐持来
弘仁二年七月十七日最澄永納
上件道具盛漆泥皮筥壱合
犀角如意壱 柄 端黒角 永納比叡山観院
弘仁二年七月十七日最澄永納
水精念珠一貫 小珠具足 蓮子念珠一貫 水精母子并小珠具足
已上二念珠永納鎮國道場
一件念珠 漆泥皮筥
弘仁二年七月十七日最澄永納

図17　羯磨金剛目録

図18　天台法華宗年分縁起一巻

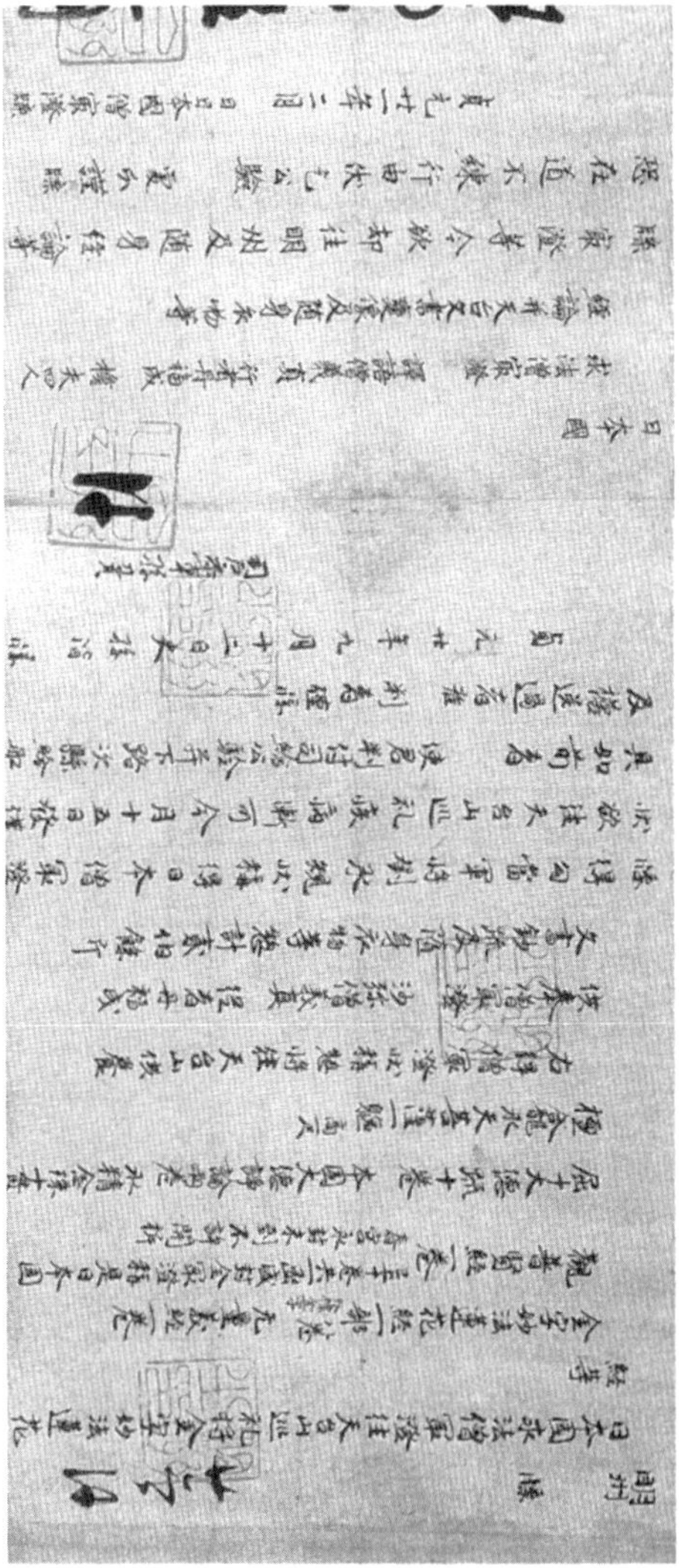

図19　伝教大師入唐牒（明州）

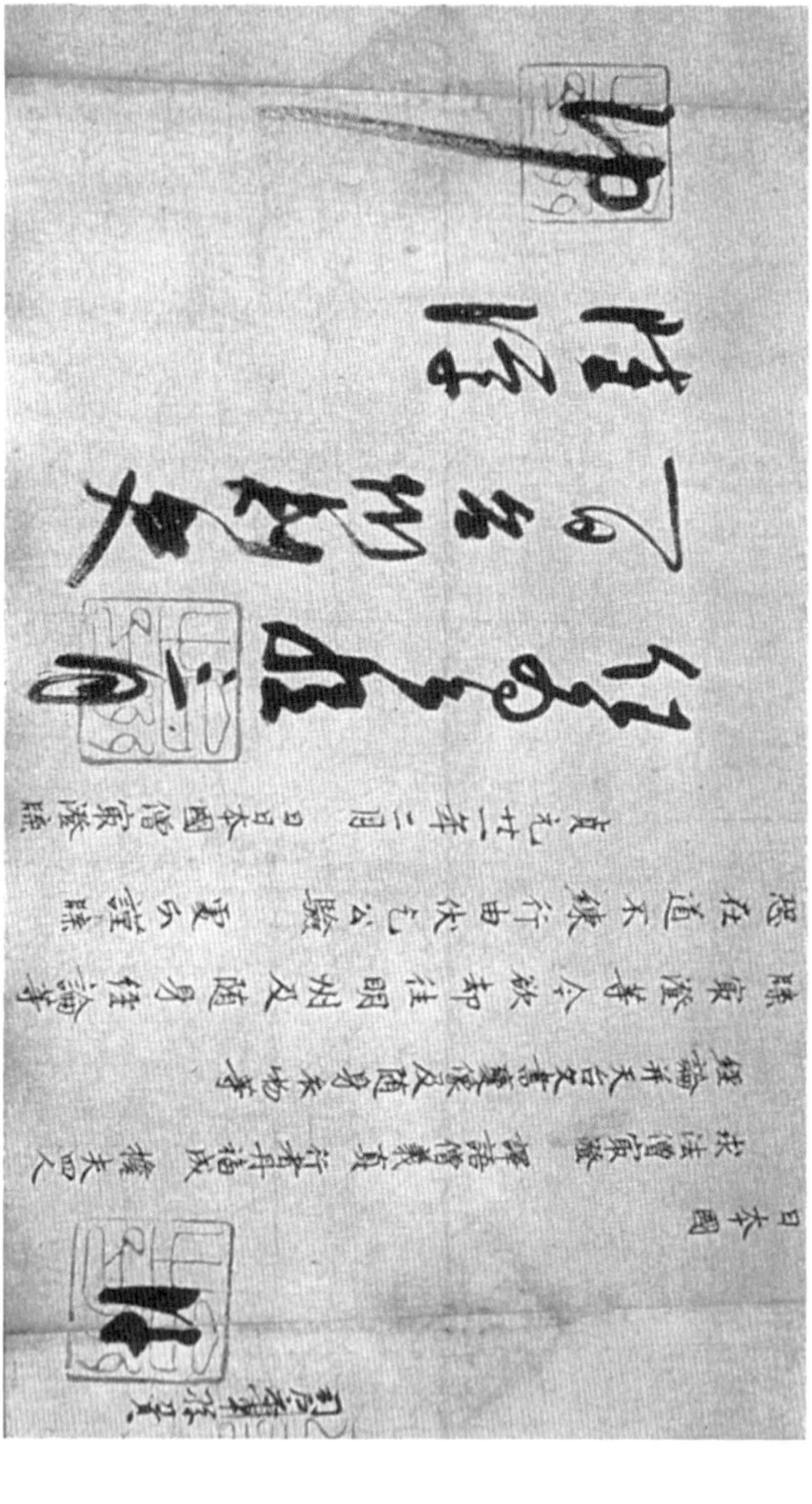

図20　伝教大師入唐牒（台州）

叡山の工芸品で文化財の指定を受けた逸品は、日本工芸史上に燦然《さんぜん》と輝いている。

工　芸

その一つが横川出土金銅経筥《きょうばこ》一合（平安・国宝）で、大正十二年（一九二三）の秋に、根本如法塔を再建するため、基礎工事をしたとき発見された。いわゆる横川根本経塚の出土品である。長元四年（一〇三一）に横川の首楞厳《しゅりょうごん》院の住僧覚超が、円仁書写の如法経を埋納したとき、一条天皇の中宮上東門院（藤原道長の娘彰子）が書写した法華経八巻も、金色に光り輝く経筥に納入して埋められた。その経筥が国宝に指定されるほどの優品で、蓋や外廻り全体に優麗な宝相華の文様を毛彫りにしたみごとな鍍金である。この経塚からは金銅経筥のほかに、銅製経筒・土製経筒・和鏡なども出土している。

宝相華文経筥一合（藤原・重文）は、黒漆塗りの平塵《へいじん》の地に、宝相華の円華文と唐草文を研ぎ出している作品で、花と輪は金蒔絵に、葉と蔓は銀蒔絵となっている。これらの秀れた経筥が横川から出土したことは、当時の延暦寺の経済と文化の力量が火を見るよりも明らかに示される。

七条刺納袈裟・刺納衣二領（唐・国宝）は、最澄が入唐の記念に、荊渓《けいけい》から受領したもので、絹や麻の布片をほぐして、麻地に刺子《さしこ》風に編んだ僧衣である。「荊渓和尚納鎮仏竜

図21　金銅宝相華唐草文経箱

図22　宝相華文蒔絵経箱

供養」の墨書がある。

これ以外では、尾長鳥花文錦打敷《にしきうちしき》一枚（鎌倉・重文）、金銀鍍金水瓶一口（平安・重文）、水晶五輪塔一基（鎌倉・重文）など、いずれも貴重な文化財である。

これまでに記した以外の延暦寺の重要文化財で重視したいものを列記しておこう。

延暦寺一山国宝・重文目録抄

仏像　重文　木造千手観音立像　平安
重文　木造四天王立像四軀　平安
重文　木造薬師如来坐像　平安
重文　木造慈眼大師坐像（恵日院）　江戸

仏画　重文　絹本着色山王霊験記　室町
重文　絹本着色普賢延命像　鎌倉
重文　絹本着色弥陀三尊二十五菩薩来迎図（安楽律院）　鎌倉
重文　絹本着色毘沙門天像（実蔵坊）　鎌倉

書跡

重文　紙本著色光明真言功徳絵詞（明王院）　室町
重文　悉曇蔵　平安
重文　紺紙金銀交書法華経　平安
重文　紺紙銀字法華経　平安
重文　法華経（弘法寺）　平安

比叡の文学と伝説

文学の比叡山

仏教と文学

比叡山の仏教と文学の交渉を考えるとき、(1)仏教と文学について、(2)比叡山の高僧・名僧の文学、(3)比叡山に深くかかわって名をなした文学者、(4)一般の文学作家がいかに比叡山を扱ったかの四点にしぼって研究する必要がある。仏教文学会や説話文学会などの業績をみると、仏教のための文学と、文学に投影された仏教の二方面からの考察が盛んである。永井義憲著『日本仏教文学』（塙書房刊）によると、日本の仏教文学について「日本文学史上の大きな遺産として捉え、仏教と文学の交渉を研究する意義を高く評価し、その研究対象となった作品と、その研究史」を詳しく紹介された。拙著『説話文学の叡山仏教』（和泉書院刊）の序文で、永井義憲博士が「日本の仏教文学の研究を最初に体系づけられたのは、天台宗の僧籍をもつ故筑土鈴寛先生であった」として、「叡山と文学」の関係を筆者の恩師でもある筑土鈴寛先生の文をつぎのように引用された。

文芸は多くその麓で花開いてゐる。初祖伝教大師の性格には穏容と繊細さがある。さらに叡山の風光がさうであつて、この風は今日まで天台教団の一つの性格をなしてゐる。それと玄奥の教義とか、文芸精神の上に一筋の白光となつてつらなつてゐる。

そして、永井博士は比叡山が「日本の文芸史上に投影される大きな姿は、必ずしもいまだ明らかにされているとは言えない。対象があまりに大きく、かつ長い悠遠な時間であるからであろうか。その解明の為には深遠な天台教学と法脈伝持のすぐれた人々を知らねばならぬからであろうか」と述べられた。

このことは仏教と文学を研究する上で比叡山が日本のどこよりも多彩をきわめる舞台ということである。岩波講座『日本文学と仏教』に筆者がそのアウトラインを書いた。哲学にも、文化にもきわめて弱い部分を持つ日本なので、比叡山の仏教と文学の交渉は大切な研究テーマというべきであろう。

文化国家を目指しながら、バブル期に超高価な値段で購入した海外の多くの絵画が偽物だったことを見破れなかったり、二十一世紀の日本の在り方の根底となる哲学が明確でないなどを考えると、宗教に弱い日本にとって、霊峰比叡を無視してはならないであろう。『源氏物語』や『平家物語』と比叡山はじつに深い関係にあり、また、『徒然草《つれづれぐさ》』の作者兼好は比叡山横川《よかわ》で出家しているし、天台座主慈円は史論書『愚管抄《ぐかんしょう》』を著し、『拾玉集《しゅうぎょくしゅう》』には比叡の和歌を六〇〇〇首も残した。『今昔物語集《こんじゃくものがたりしゅう》』に数多く登場する比叡山関係説話をつぶさに検討すると、成立に参加した青年天台僧が多く、比叡山の仏教と文学を論ずる説話がじつに多い。

高僧の文学　最澄の和歌は八首あるが、『新古今和歌集』の「阿耨多羅三藐三菩提《あのくたらさみゃくさぼじ》の仏たちわが立つ杣に冥加《めか》あらせたまへ」が有名で、正岡子規も『九たび歌よみに与ふる書』で、「いとめでたき歌にて候。長句の用ひ方など古今未曾有」と絶賛した。この歌は、藤原公任の『和漢朗詠集』、藤原俊頼の『俊頼口伝』、藤原清輔の『奥儀抄』、藤原俊成の『古今風体抄』のほか、『梁塵秘抄』、『平家物語』、お伽草子『酒呑童子』、近松の『兼好法師物見車』、路通の『芭蕉翁行状記』などの著作に引用された。

最澄のほか、古代・中世の天台高僧の和歌の一部をつぎに掲げておこう。

あきらけく後の仏のみ世までも光つたへよ法のともしび　伝教大師（『新拾遺集』）

おほかたにすぐる月日をながめしはわが身に年のつもるなりけり　慈覚大師（『新古今集』）

のりの舟さして行く身ぞもろもろの神も仏も我をみそなへ　智証大師（『新古今集』）

そのかみのいもひの庭に余れりし草の莚も今日やしくらん　慈恵大師（『続後撰集』）

われだにも先づ極楽に生れなばしるもしらぬもみな迎へてん　恵心僧都（『新古今集』）

おほけなく浮世の民におほふかな我立杣に墨染のそで　慈鎮和尚（『千載和歌集』）

このほか、天台座主や高僧の和歌が数多く勅撰集に記載されている。少なくとも、宗教教団のトップに立つものは歴史上に輝く文化遺産を残し高く評価される文学ないし芸術を創造すべきであろう。つまり、天台高僧には遍昭・成尋・良暹などもすぐれた文学を残し、さらに、日本で最初の史論書『愚管抄』を著した慈円などはとくに出色である。

兼好・保胤の文学

つぎに、叡山の文学を考えるとき、比叡山横川で出家した兼好の『徒然草』に注目したい。兼好は卜部《うらべ》兼名の孫で、長兄は天台宗の大僧正慈遍である。『徒然草』第一四六段につぎの一節がある。

明雲座主《めいうんざす》、相者《そうじゃ》に逢ひ給ひて、「己《おのれ》、若兵仗《もしひょうじょう》の難《なん》やある」と尋ね給ひければ、相人《そうにん》、

「誠にその相おはします」と申す。

このほか、第一九九段には「横川行宣法師」とか、第二三八段には「三塔巡礼の事侍りしに、横川の常行堂」などとあり、『徒然草』が仏教・儒教・道教を理念とした文学と評されるが、その仏教の根底に天台の思想が大きな存在となっているのである。

慶滋保胤《よししげのやすたね》は陰陽家に生まれ、紀伝道に進み、文章院で文章博士菅原文時に師事して首席だったという。康保元年（九六四）には叡山の学僧と、「作詩・法華経・念仏」をテーマとした勧学会を結成した。『往生要集』の著者源信とも行動を共にし、「横川二十五三昧式」の起請文《きしようもん》を保胤が書いた。書写山の性空や、多武峯の増賀らとも交流した。

保胤は出家して寂心と称し、『方丈記《ほうじようき》』の手本となった『池亭記《ちていき》』を書いたが、比叡山の文学としては、日本で最初の往生伝となった『日本往生極楽記』をまとめたので、続々と著作された往生伝の先駆となった。だから、慶滋保胤は仏教文学史上に輝く地位を占めたのである。内容はきわめて文学性豊かで、比叡山の天台僧の伝記が半数以上含まれている。

文学史の比叡山

比叡山が登場する日本文学は古代から現代までじつに多い。そのすべてを本書では書きつくせないが、時代順にコンパクトに記しておこう。

『古事記』には「日枝（比叡）の山」が登場する。世界十大小説にも数えられる紫式部の『源氏物語』はまず構成の五四帖が天台の所依の経典である『法華経』二十八品の各前後編を基本にしたという説が有力で、「賢木」の巻の「六十巻」は天台三大部を示し、「山の座主」「山の阿闍梨」「横川僧都」など叡山仏教の影響による記述が多い。『多武峯《とうのみね》少将《しょうしょう》物語《ものがたり》』の主人公高光は横川に登って出家し、のち増賀とともに多武峯に移った。『栄華《えいが》物《もの》語《がたり》』は藤原政権最高の政治家道長の生涯を描いた文学だが、四〇巻のうち九割の巻に比叡山の記事がある。『法華経』などの天台仏教思想をはじめ、最澄・円仁・院源・良源などが登場する。『大鏡《おおかがみ》』には巻三に「横川の大僧正」とあり、『懐風藻《かいふうそう》』には麻田連陽春の「裨叡《ひえい》（比叡）はまことに神山」の漢詩があり、『文華《ぶんか》秀麗集《しゅうれいしゅう》』にも嵯峨天皇の「（最）澄公の奉献詩に答ふる一首」がある。『経国集《けいこくしゅう》』にも遍昭の父の安世の「比叡山に登りて」の漢詩がある。『梁塵《りょうじん》秘抄《ひしょう》』には『法華経』など叡山関係の歌謡がじつに多い。

中世の文学では『平治物語』に「延暦寺大師最初の伽藍也」とあり、岩波日本古典文学大系本の『平家物語』には一八五のうち七三の章節に比叡山の記述がある。「座主流」「山門牒状」「平家山門連署」「山門御幸」などの章節はとくに叡山関係の記述が濃密である。『平家物語』の成立に関する『徒然草』第二二六段の記事はとくに注目される。

慈鎮和尚、一芸あるものをば下部《しもべ》までも召しおきて、不便《ふびん》にせさせ給ひければ、この信濃の入道を扶持《ふじ》し給ひけり。この行長入道、平家物語を作りて、生仏といひける盲目に教へて語らせけり。

この記事によると、日本の福祉事業の歴史で、叡山と『平家物語』の関係が注目される。身障者の職業となった琵琶法師が誕生したのである。

このほか、『太平記』、『曾我物語』『義経記』などの戦記文学にも比叡山は濃厚に登場するが、謡曲『兼平』には「王城の鬼門」「一念三千」などとあり、謡曲『三井寺』『大江山』にも叡山が登場する。

また、古代・中世の説話集や往生伝などには当然のことながら比叡山の記述が多いので、一覧表にして投影度を推量していただこう。

表に掲げた説話集や往生伝に登場する比叡山を詳説できなくて残念であるが、濃厚に投影されていることは確かである。

近世・近代の文学にでてくる比叡山はかなり多いが、岩波講座『日本文学と仏教』に筆者が「比叡山と文学」を執筆したとき、編集の意見で、近世・近代をカットする予定だった。しかし、古代・中世だけでなく、近世・近代の文学にも比叡山が多彩に登場している

表　古代・中世の説話集・往生集に現れる叡山説話数

A 作品名	B 全説話数	C 叡山説話数	C／B (%)
三宝絵詞	65	34	52
拾遺往生伝	84	43	51
日本往生極楽記	42	21	50
大日本国法華経験記	129	57	44
雑談集	74	28	38
発心集	106	38	36
宇治拾遺物語	197	61	31
沙石集	156	48	30
撰集抄	121	32	26
古今著聞集	726	142	20
古本説話集	70	14	20
今昔物語集（本朝）	628	118	18

のは何か意義があると考え、あえてその一部を紹介した。そこで、本書においても蛇足の感がしないでもないが書き加えておきたい。

西鶴の『日本永代蔵《にほんえいたいぐら》』には「比叡の山風云々」と登場するのをはじめ、香川景樹《かげき》は「大比叡やをびえの奥のさざなみの比良の高ねぞ霞み初《そ》めたる」と詠じ、上田秋成も「時雨の雨早くも降りく大比叡や小ひえにかかる雲と見しまに」の歌を残し、蓮月尼にも比叡の和歌がある。俳句では芭蕉「大比叡やしの字を引て一霞」、蕪村「行春や横河へのぼるいもの神」、一茶「日枝おろし脛吹越《すねふきこゆ》る榾火《ほたび》哉」などがある。

近代文学では比叡山の登場する作品があまりに多く書ききれないが、その一部を述べると、まず、夏目漱石『虞美人草《ぐびじんそう》』がある。

常に法華と云ひ、石に仏足と云ひ、樑に相輪と云ひ、院に浄土と云ふも、ただ名と年と歴史を記して吾事畢ると思ふは屍《しかばね》を抱いて活る人を髣髴《ほうふつ》する様なものである。見るは名あるが為ではない。太上は形を離れて普通の念に入る。――甲野さんが叡山に登つて叡山を知らぬは此故である。

これは漱石の皮肉である。谷崎潤一郎の『二人の稚児』では文殊楼が舞台となり、千手丸と瑠璃光丸の会話が描いてあるし、同じ作家の『少将滋幹《しげもと》の母』には「延暦寺第十三世の座主法性房尊意が四明が嶽の頂に於いて三密の観想を凝らしてゐる」とか、浄蔵が「三箇年の間横川の首楞厳院に籠居して修練苦行の日を送つた」などとでている。さらに、谷崎潤一郎の『乳野物語』は第十六代座主良源が母をたずねて乳を飲んだという話である。乳野は大津市千野である。谷崎潤一郎の天台の知識は京都の天台宗の曼殊院門跡故山口光円師のもとで学んだという。

横光利一の『比叡』には「根本中堂が広場より低い窪地の中に建てられて、眼下の眺望を利かなくさせてあるのも苦慮の一策」とある。倉田百三の『親鸞』には無動寺が登場する。丹羽文雄の『親鸞とその妻』にも「叡山はふかい朝霧に包まれていた」とか、「東塔の修理の勧進で、思いがけない大金が集った」とある。

佐藤春夫の『極楽から来た』には「青竜寺を出て、南に向う門前の道を、釈迦堂・浄土院の伝教廟前を経て、大講堂前を根本中堂、東塔から、大宮川上流の谷を見下ろしつつ、北に青竜寺門前に向うというコースを楕円形に一周する」とある。長与善郎の戯曲『最澄と空海』は比叡山が舞台だが、冬嗣の台詞《セリフ》のなかに「主上にも殊の他の御逆鱗にて、直ちに空海阿闍梨をお招きになり、御相談の結果、叡山戒壇院建立の儀と併せ、山家学生式の規定を直接勅許遊ばされることと相なった」とある。

最澄をテーマとした作品には、半井桃水《なからいとうすい》『伝教大師伝』、永井路子『小説最澄　雲と風と』『最澄を辿る』、瀬戸内寂聴『比叡』『伝教大師巡礼』、今東光《こんとうこう》『比叡山延暦寺』などがある。なお、今東光は天台宗の僧でもあったから、小説『春泥尼抄』『竹の子抄』『化身』『武蔵坊弁慶』などに比叡山が描いてある。

このほか、徳冨蘆花『思出の記』、直木三十五《なおきさんじゅうご》『南国太平記』、舟橋聖一『お市御寮人』、井上靖『淀どの日記』、川端康成『古都』、吉川英治『私本太平記』などなど数えきれないほどある。

短歌にも比叡山を詠じたものが多い。

老杉のうれ吹きすぐるかぜ早し大講堂のゆたけき甍《いらか》　佐々木信綱

をちこちに鳴き移りゆく筒鳥のさびしき声は谷にまよへり　若山牧水

ねがはくは妙法如来正偏知大師のみ旨成らしめたまへ　宮沢賢治

比叡の嶺にはじめて見たる沙羅の花木槿《もくげ》に似たる沙羅双樹の花　長塚　節

ここにしも聞え来にけりかすかなる籠山比丘の帚《ははき》のおとは　斎藤茂吉

俳句もたくさん作られているのでその一部を書いておく。

霞む山根本中堂中にして　正岡子規

清浄な月を見にけり峯の寺　　高浜虚子

茂暗し経蔵も堂の端近に　　荻原井泉水

以上ざっと文学史の比叡山を見てきたが、古代から近代まで、いずれも一流作家が比叡山をとりあげているのは同じだが、近世・近代になると、天台教学を深くとりあげた古代・中世と違って、比叡の風景に関心が集中している。しかし、多くの文学に比叡山が登場した最大の原因は、比叡山と天台僧が広く文学者と交流したためである。

伝説の比叡山

伝説は歴史でないけれども、伝承史料として再検討するとき、興味が湧く。叡山の七不思議とは昔からあるわけでなく、叡山の代表的な伝説を七つ選んで現代の作家が命名したものであるが、まず、はじめに筆者の選んだ叡山を象徴する七話を紹介する。

叡山の七不思議

〈経よむドクロ〉　最澄が比叡山へはじめて登り草庵を開いて勉強していると、夜おそくどこからか経を読む声が聞えた。耳をすますと、土中から法華経を読む声が聞こえる。さっそく掘りおこすと、血のしたたる頭蓋骨（ドクロ）が見つかった。最澄はその地に法華三昧院を建てることにしたという。（叡山は死者を葬った山だから、死者も天台宗の発展

に協力した〕

〈一文字タヌキ〉　西塔のにない堂で修行する若い僧は彫刻がとても巧みであった。あるとき、一匹のタヌキを刻んだ。その夜、タヌキが修行僧の夢に現れ、一匹のタヌキでは駄目だから千匹彫《きざ》んでくれといった。そこで毎日一匹ずつタヌキを作った。そして、千日回峯行の満願とともに千匹のタヌキができあがった。そのタヌキはすべてまゆが一の字だったので一文字タヌキといわれた。〔何事も千回やれば成功する。修行も石の上に三年なのである〕

〈慈忍和尚の霊〉　叡山の夜は暗く、千古の樹林のあいだに鬼気が迫る。ときどき、一つだけ大きな目と、一本しか見えない足の姿をした慈忍和尚の幽霊がでるという。叡山の修行はきびしく、掃除・学問・読経・回峯行などいずれも苦行だが、幽霊の打つ鉦で金縛りにあうからと恐れられ、若い僧が怠けずに修行に励んだ。〔きびしい師匠の慈忍は死後も修行僧を励ます〕

〈靄船〉　叡山の東坂本から登る本坂を五十二段と呼ぶが、その石段の中ほどで、夏のお盆のころになると、亡者がぞろぞろと山上に登るのに出あうという。それを見た小僧は腰を抜かしたという話である。よく見ると亡者は額に三角巾をつけ、白い経帷子《きようかたびら》（死者に着

せる白い着物）を着ていたという。〔叡山は死者を葬る山という梅原猛氏の説を裏づける話である〕

〈茄子婆《なすび》さん〉　比叡山には時々茄子婆さんが出現するという。年のころは六十七歳ぐらいで、顔色が何となく茄子に似て、美しいけれど紫色だった。信長が叡山を焼討ちしたときも、大講堂の前の鐘がしきりに鳴ったという。その鐘を撞いていたのが茄子婆さんで、いつも比叡山に非常事態が起こると、誰よりも早く必ず鐘を撞いて知らせたという。〔女人禁制の叡山で危険を救うのはいつも女性の信者であった〕

〈美人の水ごり〉　根本中堂から少し坂を下ると五智院跡へでる。五智院におまつりしていた女性の位牌が、夜になるとカタコトと動きだすので、ある夜あとをつけると、谷川の激しい流れのあたりに入っていった。顔を見ると位牌の女性の生前の顔と同じであったので、美人の水ごりと語り伝えている。水ごりをして五智院住職の修行の成功を祈ったという。〔仏教は女性差別というが、女人禁制の叡山では女性が天台仏教を栄えさせ、高僧を育てた伝説が多い〕

〈蛇が池の由来〉　良源が横川で修行していたころ、大蛇が坂本や仰木に現れて悪事を働いた。良源は大蛇に「もしお前に神通力があるならもっと大きな蛇になれ」というと、大蛇はさらに大きくなった。そこで、良源は「こんどは小さくなってこの掌の上にのれ」というと、一寸たらずの蛇になったので、握りつぶして池へ封じこめた。それから大蛇の悪事はなくなった。封じこめた池を蛇が池という。〔大蛇は叡山に住む悪僧か、他から入ってきた反対派のことで、腕力でなく知恵で服従させた話である〕

以上が七不思議だが、以下それに準ずるものを紹介する。

〈角大師〉　良源は死後、元三大師と慕われ、角大師や豆大師の護符が信仰されているが、とくに角大師は鬼の姿で、魔よけになっている。良源は月子姫の子だから、とくに美男の僧だったので、都へでると、若い女官たちが熱狂したため、鬼の姿になって女性を遠ざけ修行に励んだという。〔叡山の修行僧は恋に落ちてはならぬと戒めた話である〕

〈ねずみの社〉　日吉大社の境内のはずれに子《ねずみ》の社がある。白河天皇のころ、三井寺の頼豪は皇子の誕生を祈願して霊験があり、天皇から賞として戒壇の建立を許された。すると延暦寺の妨害があった。怒った頼豪は百日の行をはじめたが、護摩の炎で焼死した。するとその怨念が鉄の牙《きば》をもつ八万四千匹の鼠となり、叡山の仏像・経典を食い荒した。そこで、山の高僧が神通力をもって、猫となり鼠を退治し、子の社に封じこめたという。〔山寺両門の対立抗争をおさめた話である〕

〈頬焼地蔵〉　坂本の妙行院に頬焼地蔵（重文）をおまつりしている。狩人の賀能が横川の般若谷で豪雨に会い、地蔵堂に雨やどりしたが、見ると地蔵尊がびしょぬれだったので、賀能は自分の笠をかぶせた。その後、賀能が死んで地獄へ行き、動物を殺した罪で、熱湯熱火で責められたとき、どこからか僧が現れて救ってくれたと思ったら、生き返った。そして、夢に現れた僧に「あなたは誰か」と聞くと、「われは横川の地蔵」と答えたので、さっそく横川をたずねると、地蔵尊の半身が黒こげになっていたという。〔仏を念じ善を行う者は、危難から救われる〕

〈そば食い木像〉　無動寺の大乗院には親鸞の身代りになった「そば食い木像」がある。慈円のもとで修行していた親鸞が、薬師如来の夢告で、毎夜京の六角堂へ通った。仲間の僧は親鸞が京の女性のもとへ行くのだと噂した。ある夜、親鸞が京へ下りたあとに、急にそばが振舞われた。親鸞が無断で外出していたのでこらしめるためであった。ところが、親鸞に代って木像がそばを食べて、親鸞の非行を守ったという。〔親鸞が山の戒律をやぶって京へ念仏門を学びに行ったとき、仲間の僧が助けた話である〕

以上「叡山の七不思議」と比叡山伝説の特色ある四話を紹介したが、叡山では修行が第一であり、第二は死者の山であり、第三には修行を助けた仲間や天台宗の発展に尽した女性の伝説がいくつもある。また、大蛇（悪魔）や鉄牙をもつ鼠の話などは妨害者への対応を考えさせられる伝説である。さらに、比叡山の自然、とくに石と水にかかわる伝説も多いので紹介しよう。

石の伝説

比叡山には巨岩怪石が目立つのでまず霊石伝説からとりあげる。

〈衣掛岩〉　日吉大社の裏に流れる大宮川を登ると、神蔵滝の近くに衣掛岩がある。むかし、東塔東谷の九条僧正の甥と称する若者が僧正を尋ねてきた。寺男は若者が僧正の甥というのを信じないで追い返した。甥は思案にくれて、谷川の岩にたたずみ、木の葉に血文字を書いて空に向って投げた。すると、僧正の庭に落ちた。僧正は飛来した木の葉の文字を見て甥であることを知り、寺男に探させると、あたりに姿はなく、岩上にボロの着物だけが残っていた。〔若者の希望は間一髪の運により達せられないものだ〕

〈地獄石〉　ある小春日和の日に、日吉社に詣でた真源が、楼門の近くで、三年前に死んだ師匠とよく似た人に出あった。他人の空似というが、その人は「真源じゃないか。久しぶりだなあ」と声をかけたので驚いた。問いただすと死者の世界から戻って来たのだという。じつは日吉社の境内にある地獄石が、その出入口だというので、盆の十六日に石に耳をあてると、地獄の叫び声が聞こえるという。〔死者を思い出して、よりよい生活を目指

す必要を説く話である〕

〈護法石〉　西塔の釈迦堂の前の大樹の下に護法石がある。天暦《てんりゃく》六年（九五二）の七月十五日の夜に全山の小僧が集った。この夜は念力を公開する会が催され、浄蔵と修入の二人が対決した。浄蔵は京の八坂の塔の傾きを念力で直した僧であった。西塔の広場での対決はまず岩が念力で中央に動かされた。修入が止まれと叫ぶと岩はまっ二つに割れた。この二つに割れた石を護法石という。〔修行した僧は大きな岩を動かしたり、割ったりする技術を持っていた〕

水の伝説

比叡山には水の伝説が多い。人が住む第一の条件は飲料水の確保だからである。だから、比叡山には護法水・明星水・千手水・独鈷水などの名泉がある。

〈弁慶水〉　阿弥陀堂から浄土院へ行く途中に、千古の大樹の下に弁慶水がある。源義経の家来だった弁慶が西塔に住んでいたころ、千日の間、この水を汲んで千手堂に参籠したという。この水は最澄が論敵徳一から叡山にはよい水がないのかとやじられたとき、すぐに最澄が手に印を結んで真言を唱えると、たちまち路傍の岩から水が湧いた。今日でも水量豊かに美しい水が湧き出ている。〔山岳仏教では飲料水の確保が第一である〕

図23　弁　慶　水

〈蟻が滝〉　坂本から叡山へ登る本坂に五十二段と呼ぶ石段があるが、そこから七〇〇メートル《メートル》ほど離れたところに有名な蟻が滝がある。ある日、最澄が大宮谷を渡って少し登ると、一つの滝があった。あまりきれいな水だったので一口飲もうとすると、大蛇が舌をぺろぺろ出していた。最澄は「お前は大蛇じゃないだろう。正体を見せなさい」というと、すぐに大きな山蟻の姿となった。最澄は丁寧にさとした。「比叡山に寺を建て、新しい仏教を開いて、国と人々のために役立ちたいので、この滝の美しい水を守ってくれ」と頼んだ。じっと聞いていた山蟻はとつぜん渦巻く滝壺に入った。それ以来、この滝の水は現代まで絶えない。人びとはいつか蟻が滝とよぶようになった。〔美しい山の水は植物や小動物によって守られている。蟻が滝は有難いと同意〕

〈源信の水想観〉　あるとき、慶滋保胤《よししげのやすたね》が横川の源信をたずねた。声をかけても返事がないので部屋へ入ると、そこには水があふれて海のようであった。源信の姿が見えないので、部屋の隅にあった枕を中央に投げると、水がひいて、源信が水想観を修していた。翌日保胤がふたたび源信をたずねると、部屋の中央に源信がいたので、昨日のいたずらを詫びると、どこからともなく水が湧いてきて、源信の体が水没した。すると、昨日の枕が浮んでいたので、あわてて枕をとると、やがて水がひき、源信と顔を見合せた保胤は何事もなかったように笑った。源信の水想観は終った。〔幻想的な修行で、ストレスが解決し、友情が湧き、アイデアが浮かぶ。宗教的体験の尊さを示す〕

以上、比叡山の伝説のごく一部を紹介したが、テレビなどでおなじみの「日本昔話」も同じことだが、読者が話を楽しみ、いかなる意味があるかと解釈することに意義がある。叡山伝説の解釈の一例を〔　〕内に示したが、七不思議では死者を葬った叡山の神秘性、修行の効用、女性が叡山仏教の発展に尽した裏の歴史を伝えている。

僧の伝説の多くは一念が何事も成功に導くこと、石の伝説では叡山の巨岩怪石に神秘が宿るだけでなく、水の伝説とタイアップして、人間が生きるための第一の条件であるミネラルウォーターが比叡山には豊かであると伝え、叡山伝説は人と自然を育てているという話である。

千古の法儀と行事

延暦寺の年中行事

延暦寺の年中行事には通仏教法要も多く、修正会《しゆしようえ》・節分会《せつぶんえ》・涅槃会《ねはんえ》・灌頂会《かんじようえ》・施餓鬼会《せがきえ》などは、どの仏教宗派でも行われるので解説をやめ、比叡山独自の法要をとりあげよう。

天台会

天台会は天台宗を開いた天台大師智顗《ちぎ》を高祖と仰ぐので、毎年十月二十三日・二十四日に高祖報恩のための論義法要を大講堂で行う。密教の法要だから、胎蔵界・金剛界、合行の各曼荼羅供の作法が毎年交互に執行される。

この法要は延暦十七年（七九八）十一月二十四日に天台大師の御影《みえい》をおまつりして法華十講の法会を行ったのが最初である。現在も十一月二十四日は霜月会《しもつきえ》といわれ、天台大師御影《みえく》供が行われているが、天台会は天台大師報恩会の略である。大講堂に天台大師の御影をまつり、天台座主をはじめ、講師《こうじ》・問者《もんじゃ》・読師《どくし》などの配役を決め延暦寺一山総出仕で行う。専門的な記述でわかりにくいと思うが、合行曼荼羅法要の次第を記しておく。

先入堂―次列讃―次行道讃―次導師登礼盤―次着座讃―次唄匿《ばいく》―次賦華籠―次逆洒水―次散華―次対揚―次法則―次供養文―次撒華籠―次唱礼―次驚覚―次九方便―次五大願―次大讃―次仏讃―次百字讃―次初鈴―次百八讃―次甲四智―次後鈴―次切音発願―次随方回向―次導師降礼盤―次終讃―次導師衆僧着座―次回向―次出堂

右の次第で法要が進行されるが、とくに画讃について一言すると、天台禅林寺智者大師画讃を唱えるのだが、原文は魯国公顔真卿の撰文である。その一部を訳して紹介すると、「陳・隋二代、三朝の国師である天台智者大師の画讃。光縁大夫守大師の顔魯公の文に」の書き出しに続けて「天台大師の俗姓は陳、其の名は智顗、華容《かよう》の人なり。隋の煬皇帝《ようこうてい》は明因を崇び智者と号す。云々」とその生涯をたたえたものである。御影供はまことに厳粛な声明法要である。

山家会

伝教講は毎月四日に浄土院で行われるが、六月四日の法要は長講会という。その前日には大講堂で伝教大師御影供を行う。最澄は弘仁十三年（八二二）六月四日に入寂したから、六月会ともいう。山家会は四月二十日に大講堂で行う講経論義法要と、翌二十一日の曼荼羅供法要をいうのだが、伝教講・長講会とともに、いずれも宗祖最澄に対する報恩会である。

六月三日の伝教大師御影供《みえく》では「教化」が注目される。「勅ヲ奉ジテ巨海ヲ渡リ、周《あまね》ク四宗ヲ伝ヘテ朝野ヲ化シ、永《とこし》ヘニ国家ヲ鎮護シ給フゾ貴カリケリ」と声明で聞くと、荘厳そのもので宗教の世界である。さらに「国家仏乗ノ戒珠日域馬台ニ耀クコト、宗祖将来ノ恩光ナレバ一得不失、実ニ貴キ者ナリケリ。止観遮那ノ法水秋津朝野ニ遍キコト大師流転ノ徳沢ナレバ、遠沾妙道無涯者也ケリ謹ンデ讃嘆シ奉ル」と述べたあたりを聞くと、高いレベルの法語文学である。

伝教大師御影供は一山住職の出仕である。

六月四日の長講会は祥当《しょうとう》命日なので、御廟の前での論義法要である。御廟正面の扉が開かれて、いろいろの御供物が霊前に献ぜられる。長講会の出仕者は四日の朝に、昔どおりの坂浄衣をつけて、霧につつまれた浄土院へ向う。天台座主と各門跡、各大寺の高僧方二〇名である。出仕者が入堂する前に、宝前に献茶が行われる。この茶は坂本駅（京阪電車）の東隣りの日吉茶園の一番茶を大津市の代表が献ずる習わしである。献茶がすむと座主以下の出仕者が袍裳七条の盛装で、拝殿に入り、全員着座すると、始段唄《しだんばい》を唱え、散華が斉唱され、法要が進められる。

論義では講師が、神分・表白・勧請・経釈の順で読みあげる。『法華経』の経題が読まれると、講師と問者の問答がくり返される。最後に座主のおしらべがあり、三時間の法要が終る。出仕者が控所で衣を着替えてふたたび入堂すると、座主から戸津説法の説法者が指名され、来年の長講会の差定《さじょう》（配役）が示される。

出仕者の昼食は、季節の精進料理で、昆布だしであたためた豆腐に胡麻味噌をつけたものや豆御飯がきまって出される。

このほか、宗祖の法要としては八月十七日・十八日に、坂本の生源寺で行う誕生会があり、盆踊りや夜店もでて、とても賑わう。

慈覚大師御影供　毎年五月四日に大講堂で執行される。最澄の高弟慈覚大師の御影供は華芳会ともいい、一月十四日、三月十四日、九月十四日にも前唐院で行われる。五月十四日には裏千家の献茶をとり入れた法要がある。次第をつぎに記す。

先昇堂―次諸衆着座―次僧讃―次総礼詞―次総礼―次導師登礼盤―次勧請―次仏名―次教化―次置如意取香呂―次献茶―次祭文―次讃―次献茶―次六種回向文―次錫杖―次仏

名—次教化—次廻向—次頌文讃嘆—次導師降礼盤—次諸衆起座退出

この次第のあとがきによると、「応永三十三年（一四二六）丙午卯月十一日、金剛院に於て、円殊上人を以て御本博士を写す也　秀芸」とある。さらに、この写本は「貞享三年（一六八六）三月三十日博士写し畢　憲昌」とある。それを「天保九年（一八三八）五月に大原勝林院に於て謹んで之を書写す、但し五音口変などは先徳が御本に之を書き加へし者也　覚秀」とある。このことは慈覚大師御影供が伝えられ守られたことを証するものである。

右の御影供次第のうち教化の一部には「北嶺三千ノ学士ハ、大師ニ統《す》ベテゾ上ケル、草創ニ役ヲ執シガ間ニ、守文ノ任ノ挺御セバコソアリケレ　謹デ讃嘆シ奉ル」とある。徳行讃が中心だから、「天台慈覚大師徳行讃」という言葉で始まり、「慈覚大師諱ハ円仁、俗姓ハ壬生《みぶ》、下野ノ人ナリ云々」と、その生涯を讃える内容である。また、円融院第三十五世尭胤親王の御作という祭文も読みあげられるが、円仁に対する報恩謝徳の内容である。

慈恵大師御影供　毎年四月十八日に、横川の四季講堂で慈恵大師御影供が執行される。その次第を紹介しよう。

先令打始行鐘—次発楽—次衆僧入堂—次導師入堂—次僧讃—次導師蹲踞取香呂唱云—次

勧請―次置香呂平座―次取如意申仏名―次教化―次発楽―（同時に献茶）―次祭文―次画讃―次六種回向―次置香呂取如意申仏名―次教化―次置如意取香呂回向云―次頌文―次後唄―次発楽―次導師下壇礼拝退―次衆僧退

右は法要の作法の次第である。前の教化の内容の一部を紹介すると、「帰命頂礼ト唱テ大師ノ聴ヲゾ驚シ給ケル　還念本誓ノ声ニ応ジテ　影向シ給ゾ貴カリケル」を声明で唱える間に献茶をする。後の教化では「花ノ色香ノ匂ヒ　中道真法ノ供養ナレバ　大師遊化ノ世界ノミナラズ　十方ノ仏土ニ及ブベキ物也ケリ」とある。この法要では画讃が中心で、良源の生涯を讃える内容となっている。

慈恵大師良源の追善法要は元三会ともいわれて一月三日に行う。また、九月三日には誕生会がある。

天皇講

毎年五月十七日に大講堂で行われる天皇講は、桓武天皇の報恩謝徳のための御懺法講《おせんぽうこう》である。若い人にはなぜ天皇講かと理解に苦しまれると思うが、比叡山延暦寺は桓武天皇によって創建されたからである。

しかも、桓武天皇によって腐敗した奈良政治が改革され、新しい政治となって平安文化が花開いたと信ずるからである。天皇講の内容は法華懺法の呂曲と律曲、それに例時作法とを毎年交互に修する。

法華懺法と例時作法は天台宗の日常の朝夕の勤行のとき読誦するものだから、平素は声明の節はつけないが、天皇講のときには、経文にハカセ（声の長短・高低の印）がつけてあり、本格的な声明となる。はじめ宮中で行われたこの法要は、後白河天皇・後二条天皇・後宇多天皇・後醍醐天皇がそれぞれ主催し、天台座主が導師となり執行した。現在は大講堂で行う。

文献によると、後醍醐天皇の建武二年（一三三五）に、春秋の二回、宮中で御懺法講を盛大に営んだとある。また、後白河天皇は、保元二年（一一五七）に仁寿殿で行ったといわれ、『梁塵秘抄口伝集』にも、「朝には懺法を誦みて六根を懺悔し、夕には阿弥陀経を誦して、西方の九品往生を祈ること五十日勤め祈りき」とある。

その朝題目・夕念仏の法華懺法と例時作法の次第を切音で棒読みしないで、声明譜を附して音曲として唱詠し、それに雅楽演奏がつくのが宮中御懺法講《おせんぼうこう》である。

天皇講がそれを引継いでいる。天皇講の修法中に〝そば〟が献納される。これは京都の河道屋晦庵が桓武天皇の報恩感謝のため、わざわざ主人が登山して、山上でそばを手打ちして、桓武天皇の尊像に献上し、あわせて献茶を行う。

如法写経会

毎年八月一日から六日まで西塔の釈迦堂で行われる。如法写経《にょほうしゃきょう》とは『法華経』を書写する行《ぎょう》で、如法写経会は厳粛にして敬虔な法華経書写の法儀をいう。横川《よかわ》には如法塔があり、書写した『法華経』を納める所である。この如法写経は中国の南岳大師が大蘇山《だいそ》で、はじめて金字の『妙法蓮華経』の一部を書写し、瑠璃の筒に納めて、七宝の台に安置したのが始源という。日本では『元亨釈書《げんこうしゃくしょ》』や『叡岳要記《えいがくようき》』によれば円仁が普及させたとある。それらの記述によると、円仁は天長八年（八三一）に自分で筆を作り、石を砕いて墨とし、一字三礼して『妙法蓮華経』を書写したと伝える。そして、義真により十種供養が行われた。また、天長十年（八三三）には如法堂を建て、書写した『法華経』を小塔に納めて、如法堂に安置したとも記してある。

円仁が入滅してから如法写経を守護するため、三十番神を勧進した。さらに、弘仁十二年（八二一）には朝廷から「灯油仏僧供」として「油三升六合」と、白米「十四石四斗」を近江国（滋賀県）から提出するよう命じられたとある。また、「不可乱入如法堂状」がでて、如法堂には「国家鎮護衆生利益仏法護持菩提証成」のため、観音菩薩が安置され、写経を納める塔なので、乱入を許すなとされた。『如法堂霊異記』によると、浄蔵が一夏《いちげ》の間、毎日如法堂に詣でたとか、一条天皇の皇后が如法写経を納められたとかなどが記され、如法写経会が古い行事であることが証される。

しかし、現在の如法写経会は大正十一年（一九二二）に復興され、七月八日から十七日まで行われた。そのときの願主は山口玄洞であった。式衆は一〇名で、毎朝五時起床、沐浴の後、朝座の法華懺法を修し、午前九時から日中行法として礼法華儀を行い、続いて式衆と結縁の道俗が約二時間ほど写経を行う。午後は二時より夕座を修し、そのあと、日中座と同じように写経をする。それを一〇日間行い、もっぱら写経三昧となる。そして、法華経開結一部十軸が写し終るのである。

初日の開闢筆立式から筒奉納まで、天台座主が導師となり、十種供養の儀式を行うときは、道俗の法悦感にひたる瞬間である。

現在の六日間になった如法写経会の内容については『如法写経会復興二十年記念誌』（横川如法写経会刊）に詳しい。法要の次第については詳説しないが、「写経観念文」のみ記しておこう。

水ハ是大悲慈潤《じじゅん》ノ智水、墨ハ又楞厳禅定《りょうごんぜんじょう》ノ石墨《せきぼく》、定墨ト恵水和合シテ実相法身ノ文字ヲ書写ス。コノ文字ハ三世諸仏、甚深ノ秘蔵三身如来真実ノ正体ニシテ、禅定知恵ノ法門、自行化他ノ功徳、悉ク皆具足ス。是ヲ以テ此経ノ文字ハ十界ニ色身ヲ現ジ、類ニ随ツテ説法利生ス。是故ニ我今、此経ヲ書写シ奉ル。此功徳ノ善根ニ依ツテ、弟子ト法界ノ衆生ト無始ヨリ已来《このかた》、三業六根《さんごうろっこん》ニ作ル所ノ一切ノ罪障、皆悉ク消滅シ、臨終正念シテ、極楽ニ往生シ、見仏聞法シテ、衆生忍ヲ証センコトヲ。

比叡山では一隅を照らす運動のなかでも、『般若心経』の写経をすすめている。

特殊法要と声明

御修法

延暦寺で執行される一般的な年中法要のほかに、比叡山だけの特別の重要な法要があるので、いくつか紹介する。まず第一にとりあげたいのは御修《みし》法《ほう》である。毎年四月四日から十一日まで、根本中堂で執行する。延暦寺にとって最高の法要である。弘仁十四年（八二三）から始まった法要で、護国利民の祈禱が中心である。久しく中断されていたが、大正十年（一九二一）に復活した。根本中堂の内陣に天皇の御衣を奉安して、天下泰平・万民豊楽・玉体安穏を祈願する。この御修法は七仏薬師法・普賢《ふげん》延命法・熾盛光《しじょうこう》法・鎮将夜叉《ちんじょうやしゃ》法という四つの大法により、毎年一法ずつ行われる。他に安鎮家国法という特別大法もある。あわせて「五箇の大法」といい、天台宗にとって最高

図24　御　修　法

の法儀とされている。

出仕者は天台座主をはじめ、諸門跡・宗内大徳一七名である。七日間二十一座ある。この法要には荘重華麗な声明が唱えられる。

御修法は桓武天皇の御願で、延暦寺が建立されてから始められた。毎日根本中堂では天下泰平・万民豊楽を祈るが、こちらは長日御修法《ちょうにちみしほう》という。

山王礼拝講　毎年六月二十六日に、初夏の日ざしがふり注ぐ山麓の日吉大社で礼拝講が行われる。一山住職が社務所に集合して、大宮の神殿へ向う。楼門前の清流の傍らで順番に蹲踞《そんきょ》し、足を洗う儀式をすますと、門をくぐって拝殿へ登る。法要は法華八講である。まず、一之座の講師・読師が中央で向きあう高座に登る。登り終ると、唄師が発声し、声明の声が神域に響く。続いて散華師が進んで散華の声明をとなえ、他の出仕僧も声明を和す。終って講師が表白・神分・勧請を唱える。

つぎに読師が法華経の第一巻をとりあげ、経題を高唱し、出仕僧の問者が経典の疑問点を講師に質問すると、講師が答える。この問答をくり返し、八座で終る。

この礼拝講の起源は、万寿二年（一〇二五）にはじまると伝えている。

円頓授戒会　毎年十月二十六日・二十七日に戒壇院で、布薩作法を加えて行われる。円頓授戒は最澄が心血を注いで実現した菩薩僧の基礎となる受戒なので、他宗の授戒とは少し違った授戒会である。次第を述べると、まず、受戒者一同が宿舎を出発して大講堂の裏にある看衣堂《かんねどう》（前唐院）に着く。この堂には羯磨《かつま》師・教授師・看衣師といわれる長老が如法律衣の姿で待っている。そこで、竪者《りつしゃ》の三衣一鉢が如法であるかどうかが検査されて、説浄作法がある。

看衣儀式が終ると、一同は戒壇院へ入る。正面入口の扉が閉じられ、数ヵ所におかれた灯明だけの明るさで儀式が進められる。上段の石壇の奥には授戒三聖の釈迦如来・文殊菩薩・弥勒《みろく》菩薩の三尊が安置され、この三聖から直接授戒される。東大寺戒壇院などの小乗戒の授戒は人師一〇人から授戒されるが、菩薩戒は最澄の主張によるもので、比叡山独自の作法だから、大乗戒というのである。実際には三聖にかわって天台座主が授戒を行う。この十二門の授戒儀式は約二時間で終る。

灌頂会　毎年九月八日から十五日まで、法華総持院灌頂堂で行われる。密教行事である。天台密教の現存流派は、三昧《さんまい》流（南光坊）、法曼《ほうまん》流（法曼院）、穴太《あのう》流（鶏足院・総持坊・行光坊）、西山流（正覚院）の四流であるが、毎年当番の灌室を定めて行っている。

灌頂とは水を灌ぐ意味で、古来インドの国王が即位のとき、四大海の水を頭上に注いで祝ったのと同趣旨である。密教の教主の大日如来によって、金剛薩埵《こんごうさった》に受け継がれ、最澄・円仁・円珍によって中国から伝法した。日本の灌頂会は最澄により高雄山寺ではじめて行われた。

灌室道場に壇場を設けて儀式を行い、極秘の印明等を授ける。入壇灌頂は受者（弟子）になる作法であり、開壇伝法は灌頂の阿闍梨《あじゃり》になる作法である。当番灌室の教授阿闍梨の指導で二日間執行される。阿闍梨（指導者）は難しい仏教語であるが、京都には「阿闍梨餅」の銘菓がありよく知られている。

法華大会　五年に一回、大講堂で行われる。法華大会は、六月会・霜月会の法儀に、広学竪義と併せて行われる。比叡山にとって一山あげての大法要である。

六月会は宗祖伝教大師のための法華十講であり、霜月会は高祖天台大師のための法華十講である。いうまでもなく六月会（伝教会）と霜月会（天台会）は、毎年行っているのだが、とくに法華大会の年は大切な法儀となる。広学竪義は、一般の天台宗の僧侶が一人前の僧になるための必修の法儀である。

法華大会は康保三年（九六六）から勅会として毎年行われていたが、天海により、五年一会となり、竪者の数の制限を廃した。千古の法儀を守り、現在も天皇の使者が参拝されている。尾上寛仲著『法華大会沿革考』によると、「広学竪義とは広く内外典に亘り、横には八宗を学し、竪には一家天台の奥旨を立て申すなり」とある。広学竪義は最澄の延暦十七年（七九八）の法華十講が始源である。

法華大会に登山すると、まず、「法華大会広学竪義記要」が渡され、日程の説明がある。主旨は経典の眼目となる中心思想なので、筋道を通すことを「竪義」という。挨拶や概要の説明が終ると、竪義の日に読みあげる問答の往復の文案が示される。清書して、読み方を練習しなければならない。

法華十講は学匠高僧が問者となり、『法華経』各品の要点を質問し、已講《いこう》が導師となって、天台の学識により答えるという論義法要である。そこで、法華十講の次第を略記しよう。

まず、烏帽子《えぼし》・直衣《のうし》装束の鎰《かぎ》取り役が、午前九時に已講の宿坊の玄関へ行き案内を告げる。已講が装束をつけ、聴問の大衆が大講堂へ入り、定められた席に着くころ、已講が輿《こし》に乗り、宿坊から大講堂へ移る。輿から降り、小童子の差し出す鼻高《びこう》（木履）をはき、大講堂の石段を登る。このとき、居箱・香炉箱を持つ二人の僧が已講に従って堂内へ入る。大講堂の正面の縁には読師・会奉行・会役者が已講を迎える。従儀師が大鐘楼に向って「鐘」というと、鐘が鳴らされ、堂内では散華の声明がはじまり、已講が表白を読みあげ、経文を講釈し終ると、問者と已講が問答をはじめる。問答が終ると、已講は輿で宿舎へ帰る。

午後は広学竪義が大講堂で行われる。昼ごろ第一番目の竪者からはじめ、最後は翌日の午前一時か二時になる。

竪者は大講堂の西の妻戸口に待っていると、堂内から「竪者入らせたまえ」と唱えると、扉が開き、真暗な堂内へ飛び込む。暗中で鼻高をはき、稚児僧に導かれて、本尊正面机上の算箱をあけて算木をとり出し、出題を読み、高座に登る。表白を読んでから問答をする。已講が第一質問者になり、業《ごう》と副《そえ》の問題を五段にわけて答えると、探題が及落の判定をくだす。

続いて同じことが竪者ごとにくり返され、第四日目が中日となる。天皇使を迎える日である。中日の十講が終ると、根本中堂の中陣で、「光定戒牒」や「伝教大師直筆細字法華経」などが天皇使の立会いで点検される。勅使披覧の儀という。終って天皇使と已講が大講堂に向う。同じころ、新探題が宿舎を出る。天皇使・已講・新探題が大講堂の庭で出会うので、三方出会いの式という。平安朝時代の服装をした稚児・大童子・小童子から、直垂姿や天上輿など、行列はじつに華麗である。三方の出会いがすみ、三者が入堂すると稚児論義がはじまる。

このように、平安絵巻をしのばせる比叡山の最大の法要はじつにすばらしい仏教伝統文化である。

戸津説法

毎年八月二十一日から二十五日にかけて、下阪本の東南寺で戸津《とづ》説法を行う。東南寺説法ともいう。最澄が村人のために『法華経』を説法されたことに起源する。むかしは東南寺のほかに、生源寺・観福寺でも行われ、三〇日間も続けられたというが、近世になり、戸津説法だけが残り、五日に短縮された。

説法を聞く人は、説法者の有縁の僧俗で、全国から集る。座主をはじめ、各門跡・大寺院の住職が随喜し、ともに説法に耳を傾ける。

説法者によって、説法内容は違うが、二十一日は開経『無量義経』、二十二日は『法華経』の序品、二十三日は提婆達多品《だいばだったほん》、地蔵本願経、二十四日は普門品、二十五日は結経『観経』という具合に説く。

最澄の故事にもとづく行事なので、延暦寺の重要な伝統の法儀であり、戸津説法を終った高僧は、天台座主への道が確定するので、座主の登竜門である。

声明

比叡山での法要には、声明《しょうみょう》を無視するわけにはいかない。天台宗の声明について簡単に述べておこう。声明の大家としては比叡山の故中山玄雄師が人間国宝だったが、その流れをくんで、誉田玄昭師・即真尊龗師らが健在であり、大原魚山には天納傳中師らの活躍が出色である。

声明は仏教の古典声楽曲のことで、古代インドのサンスクリット（梵語）のシャプダ・ヴィドゥヤーの漢訳で、梵唄《ぼんばい》ともいう。

『元亨釈書《げんこうしゃくしょ》』には「中国で梵唄といわれ、曹陳王《そうちんおう》が始めた」とある。『仏祖統紀《ぶっそとうき》』には、「魏文帝黄初六年（二二五）に陳子王曹植《ちんしおうそうち》が魚山（山東省）で梵唄を作った」とある。曹植については劉玉新《りゅうぎょくしん》・張方文《ちょうほうぶん》編『魚山曹植墓』（魚山大原寺、実光院刊）に詳しい。

声明曲には四智梵語讃・大讃・百字讃のように梵文を漢語に音写して唱える梵語曲と、四智漢語讃・唄・散華・錫杖《しゃくじょう》のように、漢訳したものを、呉音・漢音で読む漢語曲があり、さらに、講式・教化・祭文・表白のように、漢文を訓読みして唱える和語曲がある。

一字を二拍子・三拍子・四拍子・六拍子で唱える定曲（拍子物の曲）や、序曲（無拍子の曲）があり、音階や旋律型によって、呂曲と律曲という分け方と、壱越調《いちこつちょう》・黄鐘調《おうしきちょう》・盤渉調《ばんじきちょう》など七種類の調子にわけた説明もある。

法要では全曲を一人の役僧が唱える曲や、冒頭を独唱してあとを全員で斉唱するのや、輪唱形式の曲もある。

声明の歴史はインドにはじまり、経典によると、釈尊を中心に屋外に集った弟子や信者たちの大集団の大合唱する情景が目に浮ぶが、その流れを円仁は中国から伝え、日本天台の声明の始めとなった。円仁は将来した多くの声明曲を弟子に伝えたので、声明に流派ができた。その中で、良忍によって大原魚山の地で集大成したものが魚山声明である。

天台宗の根本常用法儀は、法華懺法《ほっけせんぼう》と例時作法であるが、その懺法では六根を懺悔し、安楽行品を読誦する。例時では阿弥陀経と念仏を唱える。とくに円仁が伝えた引声の阿弥陀経の作法は声明として注目されている。

比叡山の法要の特色は、法華十講・法華八講・広学竪義などの論義法要だが、懺法・例時をはじめ、その他の主要な法要にはすべて声明曲が含まれている。問答論義にも簡単な旋律がつけてあり、論義声明という。これは十講節・八講節ともいう。また、法華大会で用いる声明は大会節という。

比叡山の法要にはすでに述べたように、四大師御影供《みえく》がある。天台大師御影供では顔真卿が作詩した画讃に音曲が付されている。画讃はゆるやかな序曲ではじまり、同音（合唱）より拍子の定まった曲となり、独特の進行と雰囲気を持つ曲となっている。この音曲は平家琵琶や謡曲など、日本の中世音楽に強い影響を与えた。なかでも横川大師堂で修せられる六道講式の影響を受けた音曲がもっとも多い。この講式は恵心僧都源信が創始した念仏講会の二十五三昧式作法に用いられる六道釈に特殊な音律を付したものである。

このほか、天台寺院の落慶法要などにとりあげられる四箇法要には、唄・散華・梵音・錫杖の四つの声明が中心となる。また、密教である曼荼羅供・灌頂会・御修法などの法要には必ず密教声明をともなう。曼荼羅《まんだら》とはサンスクリットのアンダーラの音写であるが、大日如来を本尊とする仏の世界の多くの仏たちを、金剛界と胎蔵界の図に表わしたものである。その曼荼羅を礼拝供養するのを曼荼羅供という。

比叡山の声明は、国立劇場の柿落《こけらおと》しに演じられたほか、フランスやドイツでも招かれて声明公演をしている。天台声明はキリスト教の古典音楽であるグレゴリオ聖歌に似ているのも興味をひかれる。

比叡山では大法要があるたびに、灌頂会には灌頂声明が、御修法には密教声明という具合に、声明が山内に響き渡り、千古の法儀をもりたてている。声明を大成すれば、声明成仏ができるといわれ、大切に伝統を守り続けている。この千年を越す声明が生きていることも、世界文化遺産として登録された一つの大きな原因となったのである。

延暦寺年中行事一覧

1　宗祖先徳法要

一月　三　日	元三会（良源）	横川　四季講堂
十四日	前唐院忌（円仁）	東塔　前唐院
	智証大師会（円珍）	東塔　前唐院
二十日	覚超忌	東塔　阿弥陀堂
二月　二　日	慈眼講（天海）	坂本　慈眼堂
十九日	阿覚忌（安然）	東塔　大講堂
三月十四日	華芳会（円仁）	東塔　前唐院
十七日	慈忍講	飯室　不動堂
四月十八日	慈恵大師御影供（良源）	横川　四季講堂

	二十・二十一日	山家会（最澄）	東塔　大講堂
	二十二日	聖徳太子講	西塔　椿堂
五月	二日	慈眼講（天海）	坂本　慈眼堂
	十四日	慈覚大師御影供（円仁）	東塔　大講堂
	十七日	桓武天皇講	東塔　大講堂
六月	三日	宗祖大師御影供（最澄）	東塔　大講堂
	四日	長講会（最澄）	東塔　浄土院
	十日	恵心講	横川　四季講堂
八月	十七・十八日	宗祖大師誕生会（最澄）	坂本　生源寺
九月	三日	慈恵大師誕生会（良源）	横川　四季講堂
	十四日	華芳会（円仁）	東塔　前唐院
十月	二十三・二十四日	天台会	東塔　大講堂
	二十九日	智証大師忌（円珍）	東塔　東塔院
十一月	二日	相応和尚忌	東塔　明王堂
	二十四日	天台大師御影供	東塔　大講堂

2　諸堂法要

一月　八　日　延暦寺年賀式　東塔　延暦寺会館
　二十六日　開宗記念法要　東塔　延暦寺会館
三月十三日　世界平和大護摩供　峯道　大師尊像前
　三十一日　三院講　東塔　大講堂
四月十四日　日吉山王奉幣　坂本　日吉大社
　二十三日　檀信徒各家総回向　東塔　阿弥陀堂
　二十四日　福聚教会叡山講回向法要　東塔　阿弥陀堂
　二十九日　万国戦争犠牲者総回向　東塔　阿弥陀堂
五月十二日　各宗祖師報恩法要　東塔　大講堂
　二十六日　山王礼拝講　坂本　日吉大社
八月　四　日　比叡山宗教サミット記念法要　東塔　延暦寺事務所前
九月十四日　帝釈地蔵法要　坂本　滋賀院
十二月二十二日　辰張忌（織田信長）　東塔　大講堂
毎月　一　日　国禱会　東塔　根本中堂
　初午　山上、山下　各社
　初甲子　横川　大師堂

一・五・九月五日　大般若会　東塔　根本中堂
二・六月五日　大般若会　東塔　文殊楼
一〜六・九〜十二月十五日　東南寺法要　下阪本　東南寺
毎月十五日　座主忌法要　東塔　阿弥陀堂
（三・八・九月を除く）毎月十五日　東塔院法要　東塔　東塔院
毎月十三日　大霊園法要　大津市　大霊園
毎月一日　横川霊園法要　横川　霊園
二・五・六・七・十・十一・十二月五日　五日講　坂本　滋賀院

3　通仏教法要

十二月三十一日〜一月三日　修正会　東塔　根本中堂
〃　〃　西塔　釈迦堂
二月十五日　涅槃会　坂本　生源寺
節分　節分会　東塔　根本中堂
春彼岸　彼岸会　東塔　阿弥陀堂
四月八日　花まつり　坂本　生源寺

五月八日	灌仏会	西塔 釈迦堂
	舎利会	東塔 戒壇院
七月半夏生日	半夏生法要	下阪本 東南寺
八月一～六日	如法写経会	西塔 釈迦堂
十三～十五日	盂蘭盆会	東塔 阿弥陀堂
十五日	施我鬼会	坂本 滋賀院
十六日	施我鬼会	東塔 阿弥陀堂
二十三～二十四日	地蔵盆	坂本 各地蔵堂
十月八日	本願講	東塔 根本中堂
	夜叉供	東塔 根本中堂
二十～二十二日	仏名会	東塔 根本中堂

4 伝燈行事

四月四～十一日	御修法	東塔 根本中堂
八月二十一～二十五日	戸津説法	坂本 東南寺
毎年一回	円頓大戒	東塔 戒壇院
	布薩	東塔 浄土院

六　月十九日〜二十二日　結縁灌頂　東塔　灌頂堂
毎年一回　入壇灌頂　東塔　灌頂堂
毎年一回　開壇伝法　東塔　灌頂堂
五年一会　別請竪義　東塔　大講堂
五年一会　法華大会　東塔　大講堂
一〇年一度　山家灌頂　坂本　生源寺

叡山の修行と教え

天台宗の行

比叡山の歴史と文化が華麗に展開してきた原動力になったのは天台の哲学であり、比叡山の僧侶集団の修行である。そこでまずはじめに、天台宗の

行院

僧侶の資格を持つための修行と、その他の比叡山のきびしい修行を紹介しよう。仏教には聖道門《しょうどうもん》といううきびしい自力の道と、易行門《いぎょうもん》という他力の道があり、他力を尊び、自力を悪くいう批判もあるが、他力よりむしろ自力の方が易《やさ》しい面もある。他力とは念仏を唱えることによって極楽に往生する。つまり仏になれる。他力で悟りが開けると教えるのだが、どこで悟ったと自覚するかが難しい。

ところで、天台宗の僧になるためには出家得度し、四度加行などの行法を比叡山行院で

修得しないと一人前の僧にはなれない。行院のほかに、叡山学院や大正大学で天台宗のより深い修行と学問をすることができる。『現行天台宗宗規集』（天台宗務庁刊）によると、「教師補任規程」により「権律師・律師・中律師・大律師・権少僧都・少僧都・僧都・権大僧都・大僧都・権僧正・僧正・権大僧正・大僧正」の職級がある。「経歴規程」には「得度受戒・四度加行・入壇灌頂・登壇受戒・竪義遂業・開壇伝法・両会の問講・戸津説法・望擬講・擬講・已講・探題」などの行階および法階をつぎつぎと修めなければならない。さらに、学階には「准嗣講・嗣講・准講司・講司・勧学」の五段階がある。職級・経歴・学階のいずれも、その経歴と業績に応じて授与される。探題にならないと座主にはなれない。

詳説しないとわかりにくいかと思うが、いずれの宗教も、宗教家としての資格がいかにして養成されるかが問題で、その成果により社会への貢献を吟味して、その宗教のよしあしを評価すべきである。

さて、天台宗の比叡山行院であるが、毎年天台僧を志す若い修行者が六〇日間、横川の道場できびしい指導を受ける。内容は省略するが、法衣《ほうえ》の着脱から立居振舞は言うにおよばず、読経・仏前の荘厳《しょうごん》など、僧侶としての日常の作法を学ぶのである。止観（坐禅）や食作法など精神を錬えることも行われる。

天台宗の行《ぎょう》と教えについては、『教観綱要』『戒密綱要』（天台宗務庁刊）とか、『天台宗法式作法集』（芝金声堂刊）や『天台宗実践叢書』（大蔵舎刊）などがあり、教学と観法の双修が天台宗の特色で、理論と実践を重視しているのである。ところが、天台宗でいわれる教観は誤解されやすい。教は天台教学のことで、『法華経』を中心とする教えであり、観は天台宗の法式作法を指しているとの解釈が多い。

しかし、教とは人間社会の理想の世界（極楽とか仏国土）を目指す人間になるための修学であり、理想の世界を目指すとは、世の中の構造とか、組織をどのようにするのが幸福な社会（極楽）かということである。

したがって、理想の世界を形成する人間を僧侶（菩薩僧）と信者にわけて、いかなる人間であるべきかを目指すのが修行である。とくに天台宗では真俗一貫という考えのもとに理想社会を実現しようとしている。

そこで、具体的に比叡山で実践されている修行のいくつかを解説する。

四種三昧行

最澄が定めた学生式の止観業という修行の内容は、四種三昧行である。すなわち、常坐・常行・半行半坐・非行非坐の四種類で、現在は西塔の法華堂・常行堂を道場として実践されている。この四種三昧行は天台大師智顗著『摩訶止観』に述べられたもので、最澄は止観法門として重視した。内容は仏教の実践行を総合的にまとめたものである。

まず、常坐三昧行は『文殊説般若経《もんじゆせつはんにやきよう》』に説かれたもので、九〇日間を一期として、眠気をさますための経行（歩行）と、食事と便所以外は坐禅をしつづける行である。

つぎに、常行三昧行というのは、『般舟三昧経《はんじゆざんまいきよう》』に説かれているが、九〇日間、つねに阿弥陀仏の名を唱えながら、歩き続ける行である。

さらに、半行半坐三昧行というのは、『大方等陀羅尼経《だいほうとうだらにきよう》』にもとづく方等三昧と、『法華経』の安楽行品の法華三昧の二つの行法をいう。前者は七日を一期として懺悔して、呪文を唱えつつ堂内を一二〇回行道し、後者は坐禅をする。法華三昧も行道と坐禅を組み合せた修行である。法華三昧は一期を二一日とし、一日を六時に区切って修法をくり返すのである。

さいごに、非行非坐三昧行は、『大品般若経《だいほんはんにやきよう》』に説かれるもので、日常のあらゆる起居動作において修する方法である。とくに、最澄はこの行を重視し、書写三昧を主張された。写経行によって、殺生《せつしよう》（生物を殺す）・偸盗《ちゆうとう》（人のものを盗む）・邪淫《じやいん》（間違ったセックス）などの身の悪行、妄語（嘘をつく）・麁悪語《そあくご》（激しい悪口）・綺語《きご》（嘘でかざりたてた言葉）といった口の悪行、貪欲《どんよく》（非常に欲が深い）・愚痴《ぐち》（言っても仕方ないこと）・瞋恚《しんし》（激しい怒り）といった意（心）の悪行、つまり、身口意《しんくい》の悪行をなくし、六根（眼・耳・鼻・舌・身・意）を清浄にする修行である。

十二年籠山行

比叡山の苦しい修行を地獄といい、そのベスト3をあげると、掃除地獄（浄土院）、看経《かんきん》地獄（横川四季講堂）、回峯地獄（無動寺）である。掃除地獄の浄土院には十二年籠山行を行う「侍真《じしん》」がいる。最澄の真影に侍って、生ける人に給仕するように御膳を供え、五体投地の礼拝をし、院内をつねに掃除して清浄を保つ。その他の休養時間は、『法華経』『金光明経』『仁王経』をはじめ、仏教全体の勉強をする。さらに、政治・経済・文化なども学ぶ。そして、一二年間は絶対に山から下りない。

起源は最澄の学生式に示された山修山学の理念にもとづき、中国五台山竹林寺から伝えたものである。途中しばらく断絶したが、江戸時代に妙立・霊空らによって安楽律が復興したとき、籠山行も復活され、現在に続いている。

千日回峯行

現代の比叡山の修行でもっとも知られているものは千日回峯行《せんにちかいほうぎょう》である。かなり荒行である。役行者《えんのぎょうじゃ》（小角《おづぬ》）を開祖とする大峯山修験に対して、比叡山は北嶺修験と称され、円仁の弟子の相応が創始した修行である。現在の回峯行は室町時代に確立されたものである。回峯行というのは、『法華経』の常不軽菩薩《じょうふきょうぼさつ》の行から生まれたという。常不軽菩薩は出会う僧や信者に対して、出会うたびごとに礼拝し、たとえ悪口をいわれようと、棒でたたかれようと、ひたすら礼拝を続けて菩薩になった聖者である。礼拝しかできなくて仏になった菩薩である。

相応は常不軽菩薩を手本として、毎日根本中堂へ供花《くげ》を行ったり、千日回峯の行をはじめたり、葛川参籠《かつらがわさんろう》を行ったと伝える。回峯行は口伝だから、文献によって調べることは不可能だが、手文《てぶみ》が残されているので、そのあらましを紹介しよう。山上の三塔（東塔・西塔・横川）に、回峯行者が礼拝する場所が約三〇〇ヵ所ある。

回峯行は一期七年のうち一千日行って満行とする。はじめの三年は三塔と坂本の日吉大社を毎年一〇〇日宛行道巡礼する。距離は七里半（約三〇キロ）である。三〇〇日を過ぎると、檜笠と白足袋が許される。それまでは素足に草鞋《わらじ》ばきで歩くのである。

四年目の五五〇日目になると、白帯袈裟《けさ》が授与されるので、「白帯行者」ともいわれて御杖が許される。五年目の七〇〇日を過ぎると、「堂入り」があり、無動寺明王堂に参籠し、九日間断食・断水・断眠で、念誦修法に専念する。六年目に入ると、赤山苦行が一〇

図25　千日回峯行者

〇日あり、雲母《きらら》坂を通り、京都側の西坂本の赤山禅院へ行く。さらに七年目に入ると、「大廻り」といって、京都の社寺を廻り、一〇〇〇日で満行を迎えると、「大先達」とか、「大行満」、あるいは「大阿闍梨」と尊称されて、京都御所への土足参内が許され、玉体加持の儀式をして、千日回峯行が完了する。

この千日回峯行を完成するためには、親族の死去などあると中止しなければならないので難行といわれるのだが、史料を辿ると、元亀（一五七〇年）以降の大行満の僧は四八名記録されている。ところで、昭和六十二年（一九八七）には酒井雄哉師が二〇〇〇日を満行し、飯室回峯が復活されたのである。回峯行のほかに、比叡山にはさまざまの行があるが、本書では以上のように、代表的なものを紹介するにとどめる。

天台の教え

難解な天台教学

仏教とは何か。とくに本書では天台教学について述べるのだが、すでに聡明な先生方がいろいろな著書で天台の教えを解説されている。天台宗務庁教学部編『教観綱要』、同『戒密綱要』（以上、天台発行所刊）、福田尭頴著『天台学概論』（昭和二十九年・三省堂刊）、島地大等著『天台教学史』（昭和八年・明治書院刊）のほか、塩入良道編『日本仏教基礎講座2天台宗』（昭和五十四年・雄山閣刊）など、天台の教義を説いた本は数えきれないほどある。いずれもすばらしい著者によって書かれたもので、敬意を表するけれど、率直に言ってわかりにくいの一語につきる。いったいこれらの名著は誰に読ませようとしたものだろうか。学僧などの専門家だけのものでなくすばらしい教学であればあるほど、誰にでも理解されるものでありたい。
天台宗の教えは、宗義研究所編『教師必携』（平成九年・天台宗務庁教学部）によると、「天台宗宗憲」のなかにつぎのように記されている。

（宗旨）
第四条　天台宗は、法華一乗の教えを根本として、仏性の普遍と尊厳とを自信し、自行化他の菩薩道を並べ行い、正法興隆、人類救済の聖業に努め、かつ、国家社会の文化開発に尽くし、皆成仏道の実現と仏国土の建設とにあらゆる宗教的努力をいたすことを宗旨とする。

（教義）
第五条　天台宗は、宗祖大師立教開宗の本義に基づいて、円教、密教、禅法、戒法、念仏等いずれも法華一乗の教意をもって融合し、これを実践する。

つまり、天台宗は天台法華宗とか、天台円宗といわれるように、『法華経』を依りどころとして、中国の智顗《ちぎ》（天台大師）が、インドから中国に伝えられたさまざまな仏教を整理統一してあみだした教学が天台の教えである。それを最澄が日本へ伝えた。しかし、この天台は鑑真によって日本に伝えられたものを読んだ最澄が、さらに入唐《にっとう》して、天台山から直接に伝授した。しかし、奈良仏教から、ひどくあなどり軽んぜられた。

そこで、どんな教義なのか、前述の宗憲に書いてある内容を少し説明しよう。

従来の天台の教義を説いたものには、「五時八教、三諦円融、一念三千、円密一致、三乗一乗権実、二十五方便、十乗観法、空仮中三諦、十界互具、化法四教、化儀四教」などの天台独自の仏教用語が多くでてくるので、これらの用語を使いこなす著者である天台高僧は非常に頭脳がよいといわれるのだが、とすればなおのこと、もうすこし誰にでもわかるように説明したいものである。

じつは天台宗では「台宗課誦」とか「朝勤晩課」といって、朝は「法華懺法」を読み、夕は「例時作法」を唱えることになっているが、その「例時作法」にある「七仏通戒偈」の中に「諸悪莫作《しょあくばくさく》　諸善奉行《しょぜんほうけい》」という文句がある。訳すと、「諸《もろもろ》の悪を作《な》すこと莫《な》く、諸々の善を行い奉る」というのである。これが仏教だというのである。これなら非常によくわかる。これを天台宗ではどのようにして実現するかの教えが、円・密・禅・戒なので、天台高僧のお叱りを覚悟で平易に略説したい。難解なのが有難いと信じている人も多いが、わからないことを有難がるのはもはや近代人とはいえないのである。

仏教の真髄などというと難しい話になるが、すべての宗教には、理論的に誰にでも納得可能な教学が必要である。仏教は仏の教えであり、仏とは釈尊なのだが、哲学的に言うと、仏とは悟れる者であり、仏者とも覚者ともいい、すべての仏教信者が目指すべき理想の人間である。理想の世界に生きることは、仏教だけでなく、すべての宗教が目指さねばならないのである。

ところで、仏教の中の天台宗としては、悟れる人を菩薩とし、菩薩に満ちた世界、すなわち仏国土を形成するため、教えと修行を案出したのである。

最澄の四宗相承

最澄が天台宗を開く前の仏教は南都六宗と称され、奈良を中心とする仏教であった。南都六宗とは、三論宗・成実《じょうじつ》宗・法相《ほっそう》宗・倶舎《くしゃ》宗・華厳宗・律宗のことである。法相宗は興福寺、華厳宗は東大寺、律宗は唐招提寺といった具合に現代に栄えている。これらの奈良の諸大寺では各寺に数学が併存し、八宗兼学であった。これらのいわば雑多な中国から伝えられた仏教の中から、最澄は天台をとりだし、しかも日本的な仏教として形成したのである。それはすでに述べたように、中国で仏教の整理統一をはかった天台大師智顗の仏教に最澄が注目したことによるものである。最澄は入唐して中国天台山に至り、天台の核心にふれて伝えたのが四宗であった。すなわち、円・密・禅・戒である。

「内証仏法相承血脈譜」（『伝教大師全集』第一、昭和二年・比叡山図書刊行所刊）によると、「天台法華円宗、胎金両曼荼羅密教、達磨大師付法座禅、大乗菩薩戒」の四宗を相承したという。四宗のうち密教は雑密なので最澄の高弟の円仁や、円珍らの入唐求法で充実された。したがって、空海の真言宗の東密とならんで、天台宗の密教は台密と称されるまでに発展した。

このほか、天台の教えとしては、「五会念仏・天台声明・神仏習合」などが加えられ、日本化された天台仏教が集大成された。

天台では教観双修を大切にする。つまり、教学と実践を二つとも精進するのである。かつては学問宗と讃えられ、学問第一といわれたが、比叡山では「一掃除二音声三学問」といって、仏教実践に重点をおいている。その実践が法儀音律作法だけだと誤解されているが、円密禅戒の哲学は、政治・経済（かつては荘園経営）などに指導的役割を果たした原理なので、とくに貴族に歓迎され、その見返りが、世界文化遺産として登録される比叡山延暦寺文化の形成となったのである。それでは、円・密・禅・戒についてさらに詳説しよう。

法華円教

弘仁十年（八一九）に、最澄が朝廷に提出した「内証仏法相承血脈譜」に「天台法華宗相承師師血脈譜一首」があり、これが法華円教（天台円教）の相承である。釈尊から竜樹を経て「慧文—慧思—智顗—湛然—道邃・行満—最澄」という系譜によって、天台円教の由緒の正しさを証明している。法華円教は、智顗の撰述である『法華玄義』『法華文句』『摩訶止観』の天台三大部が基礎となっている。三大部はいずれも『法華経』の精神を解説したものだが、中心は諸法が実相であり、すべての人が一乗妙法の恩恵を受けるという。つまり、誰でも仏性を有し、悟りの世界に至るという。『法華玄義』と『法華文句』は仏がこの世に現れた目的を明らかにし、法華一乗のすばらしさを説く。ところで、すべての人が平等で悟り（理想）の生活が可能だといっても、すべての人が同時に総理大臣になったり、社長になることではない。可能性は平等といっても、努力とか運命によって、すべてが同じ地位につくことではなく、政治家でも経済人でもマスコミ界の人であっても、それぞれの立場で最高の人になればよいということである。いいかえれば、悟りの世界に至るとは、それぞれにとって最高の幸福を味わうことである。運動選手としての体力・能力があっても、すべての人がオリンピックに出場して、金メダルを取ることはできない。だから、法華一乗の思考は、スポーツでも、科学でも、芸術においても、それぞれの世界で、その人にあった成功をすることによって、至福の道に生きるということである。それが極楽の生活なのであり、仏国土の建設に貢献することなのである。

天台密教

真言宗の東密に対して、天台宗の台密と称されるものは、最澄が入唐して越州の竜興寺の順暁より伝えたものに、円仁や円珍らが入唐して中国の本格的な密教を伝えて集大成された。空海の『十住心論』で示された「顕劣密勝」とは天台宗などの顕教は劣っていて、密教だけが勝れているという考えだが、天台の密教は円密一致を主張し、密教至上主義に対抗する教えである。

密教といえば、静寂荘厳な場での祈禱を想像する。薄暗い本堂で、ローソクの明りだけで、護摩の炎が燃えあがり、剣をふりあげた忿怒の不動明王や三面六臂の仏像が浮かぶ。あるいは曼荼羅がきらめく中で、祈りの壇上におびただしい仏具が並び、手指をさまざまに組み合わせて、真言を唱えながら祈禱する阿闍梨（修行して教授となった僧）が偲《しの》ばれる。

密教とは、手に印を結び、口に真言を唱え、心に本尊を観想し、身口意の三業によって、『大日経』に説かれるごとく、本尊の大日如来と一体となる。これが即身成仏が果たされることだという。

ところで、台密は円仁や円珍らが将来した密教経典・儀軌《ぎき》・曼荼羅などにより、安然が集大成し、胎蔵界・金剛界・蘇悉地・灌頂などにまとめられた。

台密の教相の特色は、『大日経』『金剛頂経』と『法華経』が一致しているという。また、密教の「毘盧遮那如来《びるしゃなにょらい》」と「釈迦如来」が一体と主張する。このことを、天台宗では円密一致という。

仏教の中の密教の位置とか、歴史的な変遷、さらには教理や思想など、関心をもつ学者が多く、密教研究書がじつに多く出版されている。ところで、密教の根本経典は『大毘盧《だいびる》遮那成仏神変加持経《しゃなじょうぶつしんぺんかじきょう》』で、略して『大日経』という。内容は大日如来の智徳を表す金剛界と、大日如来の理念を示す胎蔵界などを説く経典である。

天台の密教は今日でも、ほぼ原型を伝えている。教理的には安然の円密一致を伝え、事相（密教の儀式・作法）はいわゆる十三流ある。ところで、天台宗の僧侶は四度加行（十八道・胎蔵界・金剛界・護摩）、入壇灌頂、開壇伝法、灌頂などを履修する。さらに、密教法要としては、「曼荼羅供・薬師法・如意輪法・地蔵法・光明真言法・不動法・歓喜天法・護摩供」などで、これらの法儀が盛んである。このほか、すでに述べたように、御修法なども密教法要である。いずれも即身成仏を願っての天台の教えにもとづくものである。

天台宗では禅のことを止観という。最澄は「内証仏法相承血脈譜」に、「達磨大師付法相承師師血脈譜一首」をまとめたなかで、「達磨―(略)―普寂―道璿《どうせん》―行表―最澄」という系譜を示し、中国の北宋禅の流れをくむという。そして、「大唐貞元二十年(八〇四)十月十三日に大唐国台州唐興県の天台山禅林寺の僧翛《しゅう》然《ねん》から、天竺《てんじく》大唐二国の付法血脈、幷《ならび》に達磨付法牛頭《ごず》山《せん》の法門等を伝授す」と註記している。つまり、天台山の禅林寺の翛然から牛頭禅を伝えたというのである。

止観

天台法華宗年分度者は毎年二人あったが、その一人は止観業を専修したのである。止観は智顗の著作である。『摩訶止観』からきている。この書は観法の仕方として、十乗観法を説き、観法の対象を示す十境について述べている。別の言い方をすると、修行者によっていろいろの障害がおこるから、よく見きわめて対応せよというのである。また、『摩訶止観』には有名な「止観明静」の語がある。坐禅瞑想すれば聡明な思考で行動できるというのである。

止観は竜樹著『大智度論』から影響を受けたというが、智顗は『次第禅門』『法界次第』『小止観』などを著して、徹底的に追究した。

『摩訶止観』には四種三昧行が説かれているが修行の章で述べたとおりである。修行は衣食をととのえ、静かな道場で、生活の雑事から逃れ、良い指導者を求めて定められた作法を行う。その時、美しいものを見たいとか、おいしいものが食べたいなどの五感の甘えを退け、欲ばりや怒りや、心身のゆるみ・動揺などから離れ、真理を疑うことも忘れ、もっぱら食事の量、睡眠の時間を定められたとおりに厳守し、まるで療養するがごとくに静かな心で、身口意をととのえてひたすら仏を念じ、仏の智恵を得んと努力するのが、止観の修行で、『摩訶止観』には、二十五方便と説いている。

最澄は『摩訶止観』の文を引用して、「春秋は常行、夏は常坐、行者の願うところに従って、半行半坐でも、非行非坐でもよいから修行せよ」と教えた。

今日瞑想が健康によいことは、医学的にも証明されているが、健全な心が健全な肉体に宿る真理にかなった止観の行が現代人に受け入れられると、悪人天国の日本社会はおのずから浄化されるであろう。

大乗戒　最澄は「内証仏法相承血脈譜」に「天台円教菩薩戒相承師師血脈譜一首」を収めて、相承は「蓮華台蔵世界赫天光師子座上毘盧舎那仏《れんげだいぞうせかいかくてんこうししざじょうびるしゃなぶつ》」からはじまり、「天竺鳩摩羅什《くまらじゅう》」を経て、「慧思―智顗―章安―智威―慧威―玄朗―湛然―道邃《どうずい》―最澄」という系譜を示した。

戒律は釈尊が仏弟子たちに対し、悪事を犯すたびに戒めたもので、在家の五戒（不殺生・不偸盗・不邪婬・不忘語《ふもうご》・不飲酒）、沙弥の十戒（五戒に加え、不説過罪《ふせつかざい》・不自讃毀他《ふじさんきた》・不《ふ》慳《けん》・不瞋《ふしん》・不謗三宝《ふほうさんぼう》）、そして、比丘の「二百五十戒」までである。

天台の戒は、円頓戒・大乗菩薩戒・一乗戒・仏性戒ともいわれ、「四分律」の二百五十戒に対し、『梵網菩薩戒経《ぼんもうぼさつかいきょう》』にあるとおり、「十重四十八軽戒」をいう。十重戒というのは前記の沙弥の十戒と同じである。

日本への戒律の伝来は、鑑真によるもので、奈良の唐招提寺が大本山である。最澄が出家して大僧を志したときは、天下の三戒壇（東大寺・九州観世音寺・関東薬師寺）で小乗戒（二百五十戒）を受戒しなければならなかったが、天台宗が公認されてから、最澄の「天台法華宗年分学生式」（六条式ともいう）により十戒をもって沙弥戒とし、「十重四十八軽戒」をもって大僧戒にしたいと奏上した。

当然のことながら、南都の僧綱の反対があって、許可されなかったから、さらに「八条式」を奏上し、一二年籠山行の制度の創設を許えた。しかしなお許されなかったので、さらに「四条式」を奏上し、再三大乗戒による僧侶の養成を陳情したがなかなか許されない。そこで反対論に対して『顕戒論』を著して主張の正しさを論じ、比叡山に大乗戒壇の建設を早く許可してほしいと訴えた。

しかし、最澄の命がけの嘆願も空しく、生前には許可されなかった。仏教改革がいかに難航したかが察せられる。弘仁十三年（八二二）六月四日に最澄は入寂した。七日目の六月十一日に待望の大乗戒壇建立の勅許があった。これは高弟光定らの尽力によるものと思われる。

比叡山の戒律は、『法華経』の安楽行品の精神により、『梵網経』に定められたものである。現代でも、比叡山東塔の戒壇院では、千古の法儀にもとづいて授戒会が執行されている。

天台浄土教　天台宗の浄土信仰は智顗の『摩訶止観』の四種三昧のうちの常行三昧にはじまる。口につねに「阿弥陀仏」の名を唱え、心につねに「阿弥陀仏」を念じ、九〇日間「歩々声々念々ただ阿弥陀仏にあり」という。この念仏を「止観念仏」という。
円仁は入唐して五台山の竹林寺をたずね、法照から五会念仏を受法し、帰国して往生極楽を願う念仏として、比叡山東塔に常行三昧堂を建てて念仏三昧会を修した。引声《いんぜい》の阿弥陀経の最初である。

増命も、遍昭も、常行三昧・不断念仏を修したが、本格的には良源の『九品往生義』から天台浄土教が展開したというべきだろう。九品とは、善行の上品上生から中品中生、そして、悪行の下品下生まで、九品それぞれの悪が阿弥陀仏の念力で除かれるゆえ、絶えまなく念仏を唱えよというのである。

良源の高弟恵心僧都源信は名著『往生要集』を著し、叡山浄土教を大成した。すると、一躍普及し、とくに鎌倉新仏教の法然の浄土宗、親鸞の浄土真宗、さらには一遍や真盛に至るまで大きく影響した。

また、地獄・極楽の天台浄土教芸術が発展し、全国各地に伝恵心僧都筆「阿弥陀如来画像」が数多く普及した。かくて、日本の中世・近世に、浄土教文化が花開いたのである。

比叡山を歩く

東塔

東塔を歩きだす前に、本書が単なるガイドブックでないことをご理解いただき、比叡山の歴史と文化を、足を使ってよく見ていただき、頭で考え、そして、今日および明日の生活に役立ててもらうことをお願いする。生活に役立てるということは、個人の生活を向上させ、日本人の暮らしが世界から敬愛されることを願うことである。

根本中堂

東塔・西塔・横川《よかわ》の十六谷を巡ることを、比叡山では三塔巡拝という。巡礼は世界的な宗教行為で、日本でも西国巡礼や四国遍路が古今を通じて盛況である。比叡山の三塔巡拝は、たとえば、第二百五十五世天台座主渡辺恵進猊下が平成九年一月二十日に就任すると、

「御拝堂式」といって、三塔の諸仏に座主になったことを報告する儀式が行われた。

比叡山に登る人は多い。単に登山家が山に行くのとは違って、琵琶湖八景の一つ「比叡の樹林」というすばらしい自然にふれ、『法華経』の草木成仏の思想に接したいものである。近年は世界的に、環境の汚染を防ぎ、自然を保護する運動が盛んだが、自然保護運動をする人が一番自然を破壊している事例も報告されていて悲しい。しかし、比叡山の自然は自然研究路とか、森林浴などという程度のものでなく、霊峰なのだから、千古の山林は仏道修行の聖地なのである。だから、自然環境と堂塔が呼応して、多くの傑僧を育てたことに思いをめぐらしたい。

その比叡の中心の仏堂が根本中堂である。本尊が薬師如来だから、まさに、心の健康と体の健康を第一に考える道場である。いうまでもなく、比叡山は信長の焼討ちなどもあって、功だけでなく罪もあった。だから、英知をもって、歴史と文化をじっくりと観察して、比叡山から続出した高僧名僧の知恵を学びたいものである。そして、現在の比叡山が聡明な日本人の誕生に貢献できればうれしい。

さて、東塔の根本中堂は延暦寺最大の国宝建造物である。天台宗総本山の中心道場であり、文化財の価値も最高である。連日多くの参拝者・観光客が集り、多くの人びとがそれぞれに中堂を見学し、なかには身のひきしまる感動にふるえて、心に一生を決定する若者もいる。なかには日光東照宮よりお粗末とつぶやく観光客もいれば、何の感動もなく通り過ぎる人も多い。しかし、比叡山延暦寺をより深く理解し、何回も訪ねた人がより強い感動を体験したという報告を尊重したい。

とくに、中堂で法要に会うと、さらに感動が加わる。廻廊を歩いて中庭の石の井桁《いげた》に植えられた竹台を見る。右の竹が筠篠《いんしょう》、左の竹を篆篠《しゅうしょう》という。いずれも最澄が中国の浙江《せっこう》省の天台山から持ち帰ったものと伝える。天地の神を勧請する所というが、それは竹の生命力の強さからきたもので、七夕の笹の民俗に通ずるものである。竹台の傍らの鎮壇《ちんだん》塚は供物を捨てた塚である。比叡山ではゴミ処理場を塚として大切に扱っている。

中堂前のすこし高台に宮沢賢治歌碑がある。傍らに名木樫《てい》の木があり、中国天台山の香炉峰の神から贈られたものという。歌碑の前から根本中堂を仰ぐと、大屋根の菊の紋章が輝き、中堂を囲む比叡の樹林に靄《もや》がかかったりすると神秘の世界である。

歌碑の前の道を総持坊と蓮如堂の方へ歩く。総持坊は東塔北谷の総坊で、玄関には一つの目と一つの足のように見える奇妙な檜板があり、第十九世天台座主慈忍が、滅後も若い修行僧を励ます姿という伝承がある。

蓮如堂は浄土真宗第八祖蓮如が十八歳ごろ、この地で念仏の修行をしたと伝え、信徒の弥七がお茶とはったい粉を持って訪れたとき、極貧の蓮如の修行姿に泣いたという。蓮如は波瀾万丈の生涯をおくったが、越前（福井県）の吉崎御坊で教線を広げ、比叡山衆徒の大谷本願寺の破却にあいながら、山科本願寺や石山本願寺を建て、十三男、十四女の多数の子供たちを教団形成の要《かなめ》に配し、八十五歳の生涯を終るまで、今日の本願寺教団の基礎を作ったが、その魂は比叡山で育てられたのであろう。

総持坊の上の星峯には稲荷堂がある。総持坊の前を少し北へ進むと、低い平地があり、本願堂という。青年僧最澄が、はじめて比叡山に登り、ここに延暦四年（七八五）に草庵を建てたという伝説がある。『叡岳要記』によると、この地は「仙人経行」の地とあり、最澄が仙人から薬師如来を彫刻する霊木のありかを教えられた所とある。この草庵を一乗止観院といい、それが根本中堂に発展するのである。

また、中堂の北へ昼なお暗い小道を辿《たど》ると、八部院堂があり、「建仁開山千光祖師旧跡」がある。臨済宗の祖栄西の遺跡である。

文殊楼

根本中堂の前の高い石段を登ると、文殊楼《もんじゅ》がある。円仁が中国の五台山から文殊菩薩の夢告により、帰国して叡山に文殊堂を建てた。建物の様式は五台山の文殊堂を模している。楼上には獅子の背に坐した文殊菩薩が安置されている。この窓から琵琶湖が見える。三人寄れば文殊の知恵というように、文殊は知恵の仏なので、学問の向上や入試の合格を祈る参拝者が多い。ちょうど根本中堂の山門のような建物で文殊楼ともいうのだが、ケーブルやドライブウェーができる前は、坂本から本坂を登ってくると文殊楼に至り、ここから根本中堂へ参拝した。文殊楼の前に立つと、根本中堂の大屋根の高さと同じ高さである。近くに趙樸初記念碑、白狐塚の宝塔、天台大師石像、天沼俊一設計の宝篋印塔《ほうきょういんとう》がある。

文殊楼から東へおりると、延暦寺事務所があり、その前に比叡山宗教サミットの記念碑がある。昭和六十二年（一九八七）には世界の宗教代表者を集めて、日本ではじめての世界平和の祈りを捧げた。

その前に要《かなめ》の地蔵堂があり、近くに「比叡」の大篆刻の碑があり、裏面に最澄の和歌を刻んでいる。その横に三面出世大黒天堂がある。正面が大黒天（食料財宝の確保）、左が毘沙門天（天災・人災から守る）、右が弁財天（男女の融和）の三つの顔を持つ姿から、人生にとっての至福を祈る仏堂である。出世とあるのは豊臣秀吉が大黒天に祈って天下人になったから名づけられたのである。

図26 大書院大玄関

近くに「大塔宮護良《もりなが》親王御遺跡」の碑がある。比叡山と護良親王の関係は『太平記』に詳説されている。延暦寺事務所の横には新しい一隅を照らす会館と、千手観音と三十番神をまつる万拝堂があり、事務所の隣りの円竜院に続いて、大書院がある。境内の杉の巨樹は一見の価値がある。大書院の隣りに延暦寺会館があり、その前を少しくだると、法然堂・慈覚大師墓・天梯《てんだい》の峯・聖尊院堂・全宗顕彰碑があり、さらにくだると、慈覚大師廟や檀那院覚運墓があり、要《かなめ》の宿りから、花摘堂跡（女人堂）を経て坂本へ至る。

三面大黒天堂の前の広場から大講堂へ向う坂を已講《いこう》坂というが、その登り口に登天天満宮と石牛がある。登天天満宮は菅原道真が讒言《ざんげん》にあって、九州大宰府に流されたが、霊神となって乱暴したので、仏力で登天させた伝説によるものである。また、石牛は明治初年の廃仏毀釈《きしやく》の弾圧で、根本中堂の不滅の灯明の種油が不足したとき、岡山県で牛を大切にしていた福田海《ふくでんかい》という宗教の教主が毎年多量の油を献上したので、石牛をここに記念として設置したのである。叡山を歩くと、いたるところに堂跡・記念碑があり、一木一石に至るまで、歴史と伝説がある。

大講堂・戒壇院

比叡山ドライブウェーの東塔の駐車場から境内へ入ると、国宝殿があり、叡山の文化財を常時入れかえて展示している。その隣りが大講堂である。寛永十九年（一六四二）に再建した大講堂が昭和三十一年（一九五六）に焼失したので、山麓から讃仏堂を移し、規模を縮小したが、法華大会など重要な法要が行われる。比叡山の名物は論・湿・寒・貧といわれ、いずれも有難くないのだが、論は議論を盛んにする。民主主義に大事なことで、すべてのことを参加者が議論して決めたいものである。論義法要はその精神を伝えている。湿は湿気が多く、じめじめしている。寒は冬とくにきびしい。貧は比叡山の僧が貧しい生活に耐えて修行することだ。

むかしは天台宗を学問宗といい、学僧を多く輩出したが、現在は非常に少なくなったといわれるが、大講堂は学問振興の歴史を伝えている。本尊は大日如来で、脇侍《わきじ》は弥勒《みろく》菩薩と十一面観音菩薩である。ほかに、堂内には天台大師・伝教大師・聖徳太子・智証大師・栄西禅師・道元禅師・日蓮上人・空也上人・法然上人・親鸞上人・一遍上人・良忍上人・真盛上人の木像が安置してある。

日本仏像の歴史では比叡山から高僧肖像仏がはじまったというが、大講堂には各宗祖師像を安置し、日本仏教が比叡山の学僧から誕生した歴史を示現している。

また余間の長押《なげし》上には、釈迦如来の十大弟子や外陣の長押上には中国天台の列祖など、比叡山と因縁の深い高僧絵が馬堀喜孝画伯によって描かれ、奉納されている。

大講堂の裏には前唐院があり、その横に瑞雲院がある。大講堂の前には鐘楼・聖女塚もある。大講堂の前を少し登ると、急な石段の上に戒壇院がある。江戸初期の特色を遺憾なく発揮した重要文化財の建物で、堂の周りをぐるりと回って鑑賞したい。

阿弥陀堂

戒壇院の前を通って五二段の石段を登ると、阿弥陀堂がある。五二段には哲学がある。普通の人間が悟りを開くのには、十信・十地・十行・十回向・十住の五〇段階に、等覚・妙覚を加えての五二段を一段一段修行をつみ重ねると成仏に至るというのである。

阿弥陀堂では信者の先祖の回向を行う。納骨を依頼すると、丁寧に法要を執行する。阿弥陀堂の裏手は寂光堂で、廊下づたいに法華総持院東塔がある。多宝塔形式の建物で、上階には『法華経』千部が納めてある。一階には胎蔵界の五仏を安置し、壁には「法華経四要品」が描かれている。

東塔の東隣りには灌頂堂がある。密教の道場で、灌頂の儀式が行われる。東塔・灌頂堂は昭和五十五年（一九八〇）に篤信者の寄進により建立された。

また、阿弥陀堂の前には吉井勇の歌碑があり、東隅の山道をすこし登ると、智証大師廟がある。

無動寺

坂本ケーブルの延暦寺駅で下りて、無動寺谷に向う。千日回峯行の創始者相応が回峯修験の道場として明王堂を開いたところである。この谷には法曼院・建立院・宝珠院・大乗院・千手院・玉照院・松林院・善住院・弁天堂などがある。大乗院は親鸞の修行地であり、西行桜もある。坂本へおりる途中には相応墓・慈円墓もある。また、坂本ケーブルの裳立山駅の近くには紀貫之墓もある。

ところで、回峯行には玉泉流（東塔無動寺）、石泉坊流（西塔正教坊）、恵光坊流（横川飯室谷）の三流があるが、無動寺の法曼院には千日回峯を満行した大阿闍梨が住んでいて、後進の指導をしている。

近年は一般の希望者を集めて一日回峯行が行われるが、たいへん人気がある。弁財天堂は相応が回峯修行中に、外護した白蛇弁財天が出現したという伝承によるもので、正月の初巳や九月の巳成金《みなるかね》の法要には京都・大阪などから参拝者がある。

無動寺からドライブウェーへ出ると、西尊院があり、頂上の四明岳には遊園地がある。中央に石像伝教大師をまつる祠がある。また、近くに将門岩があり、平将門が京を攻めたとき、この岩の上に立ったと伝える。

山王院

阿弥陀堂から弁慶水の前を通り、ドライブウェーの陸橋を渡ると、山王院である。正しくは法華鎮護《ほっけちんご》山王院堂といい、円珍の住房である。後唐院とも称した。千手観世音菩薩が本尊なので、千手堂ともいう。『今昔物語集』巻十三には、千手院の住僧光日・広清の説話がある。このあたりまでくると、比叡山も静寂で、昭和五年（一九三〇）に、鳥類繁殖天然記念物保護地区となったので、小さな記念石柱がある。むかしはカケス・コゲラ・アヲゲラなど六〇種以上の小鳥がいたが、近年は減少傾向にある。

浄土院

山王院から坂をくだると、浄土院である。比叡山延暦寺を建立した最澄の御廟である。叡山ではもっとも清浄荘厳の地で、叡山三地獄の一つ掃除地獄の浄土院だから、掃除が徹底し清浄である。

御廟の前には、大きな香炉があり、一昼夜香の煙が絶えない不断香が香りを放っている。御廟の両側にある沙羅双樹《さらそうじゅ》と菩提樹《ぼだいじゅ》も風情がある。

侍真を志した僧は、まず、毎日三千遍の五体投地礼をくり返す。それを何十日か続けるうちに、好相を感得して、籠山中の侍真に認められると、つぎの侍真に推薦される。侍真になると、十二年の籠山生活がはじまる。暁天より日没まで、一日も休まず、朝昼生ける

図27　伝教大師御廟（浄土院）

宗祖に給仕するごとく膳を供え、そのおさがりを食べ、毎日三回の勤行をくり返す。その他の時間は勉学と掃除に没頭する。この籠山行は比叡山の自慢の一つである。

浄土院の横の小道をおりて行くと、別当大師光定廟がある。

西　塔

法華堂・常行堂

西塔の駐車場には滋賀県立比叡山自然教室があり、ミニ博物館となっている。そこから巡拝道へ入ると、すぐ聖光院跡の石柱があり、親鸞上人の遺跡である。その横には箕淵《みのふち》弁財天堂の鳥居がある。少し進むと、椿堂である。聖徳太子が比叡山に登り、椿の杖を立てたら根づいて茂ったという伝承があり、何代目かの椿が堂を囲み、春一番の花が咲く。本尊は聖観音で、常坐三昧の道場である。

椿堂を過ぎると、朱の色の美しい法華堂・常行堂が見える。その手前に滋賀県歌人会会長だった米田雄郎の「しづやかに輪廻生死の世なりけり春くる空のかすみしてけり」の歌碑がある。

法華堂は本尊が普賢菩薩で、常坐三昧の修行をする道場であり、常行堂は本尊が阿弥陀如来で、常行三昧の道場である。現在も毎年七月から九月にかけて三年籠山の僧が修行する。

荷い堂から釈迦堂に向って石段をおりる。右側に西塔の政所（西塔全体の事務所）があり、左側に恵亮堂がある。恵亮は清和天皇の即位に際して、大威徳明王に命がけで祈ったと伝え、祈禱に使った血染めの独鈷が残っている。堂の近くに、元日本野鳥の会会長で、天台僧の文化功労者中西悟堂の歌碑があり、真盛上人の円戒国師寿塔もある。

釈迦堂

西塔の総本堂で、正しくは転法輪堂という。織田信長によって叡山焼討ちがあり、堂塔をすべて失ったので、その復興に際して、豊臣秀吉が、天台別院の園城寺《おんじようじ》（三井寺）の金堂（弥勒堂）を強制的に移築したものである。

文禄四年（一五九五）に秀吉は甥《おい》の秀次《ひでつぐ》が園城寺の僧と親しくしたのに腹を立て、突如園城寺の廃絶を命じ、堂塔の一部を叡山へ移したのだという裏話がある。釈迦堂は園城寺の総本堂であった。比叡山では最古の重文建造物である。本尊は釈迦如来で、最澄作と伝えるが、京都嵯峨の釈迦堂と同じ様式の釈迦如来である。近年は八月の如法写経会を釈迦堂で行い、近くの居士林での研修生がこの堂内で止観を行っている。

釈迦堂の近くには二つの歌碑がある。

　山の院連子の端にせきれいの巣あり雛三つ母まちて鳴く　　九条武子

　時ならぬつばきの花をよろこびてめじろ友よぶ山かげの寺　　川村多実二

比叡山には一キロ四方の地域に多くの小鳥が巣を作っているという報告もあり、西塔がその中心という。中西悟堂や川村多実二の歌碑はむかしから比叡山が自然保護を訴えてきた証拠でもある。

また、鐘楼の下には仏足石がある。

釈迦堂の裏の道を辿ると、弥勒石仏が山中にある。高さは二メートルもあり、鎌倉初期の作といわれるので、比叡山の栄枯盛衰をじっと見てきた。しかるに、石仏は黙して語らず、泰然自若として坐している。火事場をくぐり抜けた痛々しい姿が歴史を語っている。

このあたりを香炉が丘とよび、西塔の名の起こりとなった山城宝塔院のあった所である。近くに相輪橖《そうりんとう》が金色に輝いている。相輪の長さは約一〇メートル余りある。

本覚院（居士林）

釈迦堂に向って右奥へ二〇〇メートル行くと、居士林（研修道場）である。

第一道場は本覚院で、近くに第二道場もあり、会社・学生を対象にした仏教式の研修に参加する人が多い。二泊三日の日程で、指導する修行僧の指示に従って、一隅を照らす心を養うのが目的である。いつも五〇名くらいが研修している。

本覚院はむかし妙法院と称し、良源がはじめて登山して住房にしたと伝える坊で、鎌倉時代の慈恵大師木像（重文）を安置している。

近くの寂光院跡には寂光大師円澄廟がある。最澄の後継者として期待されながら、健康にすぐれなかったと伝える。

この近くに弁慶が住んでいたという武蔵坊跡があり、謡曲『船弁慶』には「西塔の傍《かたわら》に住む武蔵坊弁慶にて候」とある。

また、北尾谷に大智院跡があり、『紫式部日記』の「院源僧都」の住房という。『源氏物語』の「横川の僧都」は院源がモデルともいわれる。院源は藤原道長に戒を授けた天台座主であった。

『今昔物語集』には「西塔ノ僧春命」「西塔ノ僧仁慶」「西塔ノ僧道栄」「西塔ノ僧法寿」などの説話があるので、思いをいたしながら歩くのも楽しい散策である。

黒谷青竜寺　釈迦堂から青竜寺への道を辿ると、まず瑠璃堂がある。元亀二年（一五七一）の信長の焼討ちをまぬがれた叡山で唯一の、重要文化財指定の建物である。本尊の薬師瑠璃光如来を安置するところから堂名となったのだが、秋の紅葉を背景に眺めると、宝石の名にふさわしく美しい。唐様建築で、縦横ともに約五・八四メートルの正方形の入母屋造り、檜皮葺である。近くの正教坊跡には天正年間（一五七三〜九一）に西塔を再建した功労者詮舜の碑がある。

青竜寺は西塔五谷のなかに入らないので、別所黒谷という。黒谷は第十八代天台座主良源が開いた寺で、浄土宗の法然が四十二歳まで修行したところである。法然の師匠だった叡空も、天台真盛宗を開いた真盛も、この黒谷で修行した。とくに、法然は黒谷の経蔵（図書館）で、中国の念仏門の高僧善導の著『観経疏《かんぎょうしょ》』を知り、念仏で往生する道を体得したという。

叡空や法然が俗世間から離れた黒谷に遁世して修行に励んだが、現在も浮世ばなれをした山中静寂の地である。黒谷は飛躍する人間が充電の日々を過す最適地であったというべきであろう。

西塔から黒谷への道は急な坂道で、釈迦堂から黒谷まで約一キロあり、そこからさらに一キロくだると大原へでるが、あまりに急坂だから走出路《はせだしみち》という。

横　川

西塔から峯道を歩くと、回峯行者が加持祈禱する玉体杉があり、せり合い地蔵から横川へ入る。ドライブウェーを行く場合は、西塔駐車場から車で一〇分ほどで横川へ着くが、途中の峯道レストランからの、琵琶湖と湖東へかけての眺望が絶景である。『梁塵秘抄』に「近江の湖は海ならず、天台薬師の池ぞかし、何ぞの海、常楽我浄の風吹けば、七宝蓮華の波ぞ立つ」の歌がぴったりである。作者は比叡のどこから眺めたのだろうか。峯道レストラン前の広場には最澄の大きなブロンズ像があり、その前で毎年多くの信者を集めて、大護摩法要が行われる。

根本如法塔

横川の駐車場から、歩いて諸堂を参拝しよう。最初に目に入るのは九頭竜池で、良源が法力で大蛇を手のひらに乗せて池に封じた伝説がある。池の近くに、竜王社と三十番神社があり、その奥に、根本如法塔（多宝塔）がある。緑の木々に囲まれた朱色のあざやかな塔である。

円仁は常坐三昧の修行中に、一字一字礼拝して『法華経』を写経し、失明寸前になったが、なお写経を怠らなかったという。「如経写経会」は現在も続いている。

一〇〇〇年以上もむかしから、諸願を成就しようと、写経した写経紙を銅製や陶器の壺などに入れて土中に埋めたので、横川はどこを掘っても写経壺が出土する。埋経によって国土を浄化しようとした古人の願いが尊い。

横川中堂

昭和十七年（一九四二）に落雷で焼失した横川中堂は昭和四十六年（一九七一）に再建された。舞台造りで、船室のような本堂である。本尊の聖観世音菩薩（平安・重文）は、中陣と同じ高さに安置され、外陣は裏堂へぐるりとまわれる。中堂は首楞厳院《しゅりょうごんいん》といわれ、円仁が創建したという。中堂の前の政所は現存しないが、渋谷慈鎧座主と親交のあった俳誌『ホトトギス』の大御所高浜虚子が比叡山を訪れて、この政所に宿泊した体験を小説『風流懺法』にとりあげている。

中堂から出て、西国霊場の石仏が点在する道を登り、赤山明神社の小祠をすぎると、左手に、椿にかこまれた虚子塔があり、「清浄な月を見にけり峯の寺」の句碑もある。中堂からの道のつき当りに鐘楼がある。

右へ少し行くと、恵心僧都の住房だった恵心院があり、ここで『往生要集』をまとめたのであろう。本堂は小さいが、静寂な環境で思索に適している。さらに、くだると覚超廟があり、さらに行くと恵心廟が鳥居の奥にある。鳥居は神社の前にあって、家族に死者がでると、忌明けまで、鳥居をくぐらないという俗信があるが、恵心廟では墓石の前に鳥居がある。鳥居は浄域を示すだけでなく、鳥居をくぐると人間が清められるのだという。インドでは妊娠中の女性が小さな鳥居をくぐって安産を祈る風習もある。

恵心廟からまっすぐおりると、飯室谷から安楽律院へでる。

横川中堂からでてきて鐘楼の前を左へ行くと、道元禅師得度旧跡へおりる道がある。道元は建暦二年（一二一二）に、まだ十三歳の若さで比叡山に登り、叔父の良顕の門に入り、横川の首楞厳院で修学し、公円について落髪し、登壇受戒したという。

四季講堂　康保四年（九六七）に村上天皇の御願で、四季に『法華経』を論義させたので四季講堂という。四季講堂は良源の住房だった定心坊である。良源が考案した漬物を定心坊といい、今も東塔の駐車場の売店で売っているが、比叡山では「大師は弘法にとられ、漬物は沢庵にとられ」という俗諺があるが、たしかに、大師号は空海より最澄が早く賜っているのに、大師といえば弘法大師をいうように、漬物も禅宗の沢庵にまけて、定心坊といっても誰も漬物を連想する人がいない。

良源の没後は、角大師・豆大師の護符が人々に親しまれ、民家の戸口に張って厄除けとする風習がひろまった。良源は護符となって、厄を払うというので、今も四季講堂で、角大師・豆大師の護符が授与されている。

また、良源は日本でのおみくじの元祖である。天海は良源の「観音百籤」を用いたと伝える。良源は九月三日に生まれ、一月三日に入滅したので、元三大師とよばれて親しまれているが、四季講堂での最大の行事は一月三日と九月三日の元三会で、近畿全域から信者が集る。

四季講堂から二〇〇メートルほど北へ歩くと、「御《み》廟《みょう》」といって良源の御墓があり、叡山三魔所の一つで、礼堂には開かずの扉もあり、神秘が漂っている。

また、四季講堂の前には箸塚《はしづか》弁財天があり、その奥に比叡山行院・甘露山王社がある。

さらに、山道をおりると定光院がある。日蓮の旧跡である。日蓮は青年時代に尊海に従って叡山に登り、無動寺谷の円頓坊や定光院で一二年間修行したという。定光院には日蓮の銅像があり、その右手に滝尾大権現社がある。腹と耳の神として信仰する人も多い。初冬には猪がこの近くに現れるのか、はっきりした足跡を見ることがある。日蓮が朝日曼荼羅を感得したところといわれる。日蓮の伝記は多く、『日蓮上人註画讃』五巻、浄瑠璃『日蓮上人御法海』などを読むと、叡山での修学十余年の血のにじむ苦行の跡が偲ばれる。定光院は日蓮宗の発祥地である。

飯室谷・安楽律院

横川から約二㌔おりると飯室谷である。この山道はほとんど人が通らないから、坂本からタクシーで行くとよい。ＪＲ湖西線比叡山坂本駅から車で一〇分で着く。飯室谷は横川六谷（香芳谷・戒心谷・般若谷・兜率《とそつ》谷・解脱谷・飯室谷）の一つで、円仁が開いた。円仁がこの地で不動明王を彫《きざ》んでいると、一日三度の食事を運ぶ給仕が現れた。彫刻の終った日に円仁が「あなたは誰か」と聞くと、「飯《めし》櫃童子《びつどうじ》」と答えた。そこで、この地を飯室と名づけたという。飯櫃童子は弁財天に仕える十六童子の一人で、飯櫃を持つ童子である。飯櫃童子は円仁に資金や食糧を贈った有力な外護者のことであろう。

飯室谷の本堂は不動堂である。ほかに、長寿院・弁天堂・護摩堂・八角堂・松禅院・地蔵堂などがある。行者が修行する滝もあり、水量は豊かである。

不動堂から坂を登って峠へでると、「摂僧大界幷摂衣界」の石柱があり、さらに五〇〇メートル《メートル》ほど入ったところに、安楽律院の山門がある。山門には玄門智勇筆の「秘蔵窟」の額がある。門を入って左へ折れると、本堂跡に東塔の八部院を移築した本堂がある。

江戸中期に比叡山の戒律が守られなくなったのを嘆いた妙立・霊空が妨害にあいながら復興した安楽律は、ここが根拠地であった。だから、妙空・霊空の墓があり、『今昔物語集』などに登場する恒舜の墓もある。

山手には藤原定家の歌碑がある。

ふむだにも縁なるてふ此山の土となる身はたのもしきかな

この碑には「明治二十二年九月十三日定家卿六百五十回遠忌以建之」の銘がある。近くに藤原定家爪塚もある。定家は『明月記』で、天台止観のことを述べた。それは興心に戒を受けた定家が、法名を『摩訶止観』の「止観明静」からとって「明静」としたことでもわかる。

飯室谷で忘れてはならないのが慈忍廟である。慈忍は尋禅のことで、良源の高弟である。尋禅は良源の有力な外護者藤原師輔《ふじわらのもろすけ》の子である。尋禅は密教の霊力が勝れており、座主に就任すると、印鑑を三綱職にまかせて、一切の宗務から離れ、もっぱら修行と不断念仏に没頭し、四十八歳で入滅した。慈忍廟は叡山三魔所の一つである。周囲には樹齢五〇〇年以上の杉の古木が十数本あって天をつき、昼なお暗い聖地で、椿の咲くころ参拝すると、子弟の教育と自然保護の大切さを訴えた慈忍の心が胸に迫ってくる。

里坊と門跡

坂本は比叡山の滋賀県側の山麓で延暦寺の門前町である。平素は淋しい静かな町並みであるが歴史と文化の目で見て歩くと、町並保存地区に指定されるだけあって、伝説や文学を織り交ぜて、じつに豊かな地域を形成している。その一部を紹介しよう。

生源寺

まず、京阪電車坂本駅を下りて、東隣りを見ると、日吉茶園がある。山手に向うと、右側に生源寺があり、山門横に「伝教大師御誕生地」の石標がある。境内の東南隅には「伝教大師御産湯井戸」があり、毎年八月十八日には、最澄の誕生会で賑わう。本堂は十一面観音菩薩で、脇侍には父百枝《ももえ》と母藤子の像をまつる。近くに「えな塚」や、誕生の日に蓮華が降ったという「蓮華園」もある。また、生源寺の隣りに別当大師堂があり、その北隣りに最澄の母をまつる市殿社がある。その前の道を北へとると、父をまつる百枝社がある。

別当大師堂は最澄の秘書役だった光定の寺で、八十歳で入滅するまで天台宗開宗の裏方として、縁の下の力もちに徹し、延暦寺一二〇〇年の基礎を固めた高弟である。その著『伝述一心戒文』には、病身を克服して、国のため法のために、人材育成に血のにじむ苦労をした最澄の晩年のすべてがまとめられている。「悉有仏性」を命がけで、反対する南都の論客とわたりあった北嶺の様子が手にとるように記録されている。

日吉馬場の桜や紅葉も季節ごとにみごとだが、両側にひろがる里坊と、穴太《あのう》積みの石垣には延暦寺の歴史が刻みこまれている。

滋賀院門跡

坂本でもっとも大きい滋賀院は、元和元年（一六一五）に天海が後陽成上皇から頂いた御殿をこの地に移し、明暦元年（一六五五）から滋賀院の寺号を賜わり、門跡となった。そして、明治以前は、ずっと法親王が住持となり、座主の学問所でもあった。

現在は天台座主の対面所となり、平素は延暦寺の宝物を展示している。勅使門の両側の穴太積みの石垣は坂本で第一の景観だが、滋賀院へ入ると、はじめに見たいのが、遠州流

図28　滋賀院門跡

図29　慈　眼　堂

の庭である。名勝の指定をうけているだけあって、自然の山崖を利用した築山を背に、池の水がつねに豊かである。長い石橋、中央の滝口、松のある中島、岩嶋、浮石のいずれも趣が深く、とくに池畔の覗《のぞ》き石は江戸初期の名園にふさわしいものである。

滋賀院客殿の上段の間から見た琵琶湖の眺めも殿様の心をよろこばせる趣向で、狩野派の襖絵《ふすまえ》も立派である。庭続きに天台宗務庁があり、その裏手の慈眼《じげん》堂は天海（慈眼大師）の御廟である。御廟の上手に広がる墓所は、歴代天台座主・徳川家康・新田義貞・紫式部・清少納言などの墓石や、供養塔がある。いずれも、さまざまな様式なので石造美術の博物館といった風景である。

また、山際の台地には、鵜川《うかわ》の四十八体仏を明智光秀が坂本に運ばんとして、湖中に放置した一三体がここに移されて安置してある。

里坊は五〇以上あり、とくに庭のよい坊には、宝積院・双厳院・寿量院・律院・蓮華院・仏乗院などがある。里坊の起源は、高齢者となった老僧の晩年の住居としてはじまった住房である。

日吉大社

比叡山延暦寺を理解するためには、日吉大社《ひよしたいしゃ》を知らねばならない。延暦寺の開創以前から、この地の地主神社として信仰され、天智天皇の大津宮の経営がはじまると、奈良から大和民族の祭神である大三輪神《おおみわのかみ》（大己貴神《おおなむちのかみ》）を勧請し、さらに発展して山王七社・二十一社・百八社が形成された。七社の中心は西本宮（桃山・国宝）で大己貴神を祀り、東本宮（桃山・国宝）には比叡山の地主神である大山咋神《おおやまぐいのかみ》を祀る。そして、山王権現信仰は全国に普及し、四〇〇〇社以上を数え日吉大社が総本社である。

最澄は神仏習合の思想を考案し、延暦寺と日吉神社の友好発展に尽したから、現在も日吉大社で延暦寺の僧により山王講が毎年執行されている。寺と社が争えば双方が衰え、協力すると栄えるというのが神仏習合の思考である。そこで、山王七社と本地仏の関係を記すと、つぎのようである。

〈現社名〉	〈祭神名〉	〈旧称〉	〈本地仏〉	〈備考〉
西本宮	大己貴神	大宮（大比叡）	釈迦	大三輪神
東本宮	大山咋神	二宮（小比叡）	薬師	比叡山の地主神
宇佐宮	田心姫《たごりひめ》命	聖真子	阿弥陀	宇佐八幡
牛尾神社	大山咋神（荒魂）	八王子	千手	地主神
白山姫神社	白山姫	客人	十一面	白山
樹下《じゅげ》神社	鴨玉依姫《かもたまよりひめ》神	十禅師	地蔵	大山咋神妻

三宮神社　鴨玉衣姫神（荒魂）　三宮　普賢（大日）　大山咋神妻

このように、日吉大社は延暦寺と協調し、ともに発展することを志向した。もっとも、明治初年の廃仏毀《き》釈《しゃく》のときは徹底して対立した。七社の祭神を検討すると、西本宮系が三社で、東本宮系が四社あり、大和の勢力と地元の勢力を、うまくバランスをとって対応していると考えられる。二十一社とか、百八社というのも、多くの意見の違うグループを糾合する姿なのであろう。

むかしから人が集まると、派閥が生まれて対立抗争するのだが、日吉山王の形は、天台の三諦（空仮中）円融の哲学が発展した調和の姿である。

神仏習合の思考は、山王曼荼羅のような神道芸術としても発展した。境内の日吉三橋は珍しい重文指定の石橋である。三橋の近くの求法寺には慈恵大師坐像（重文）を祀る。

叡山文庫

滋賀院門跡の参道に叡山文庫がある。延暦寺に関する古文書や絵図を所蔵している。その内容は延暦寺編『叡山文庫文書絵図目録』（臨川書店）に詳しいが、とくに「比叡山古図」などは貴重なものである。むかしの比叡山や坂本の地理がよくわかる。また、内閣文庫蔵の『山門三塔坂本惣絵図』を手がかりに、坂本に残っている江戸時代を探して歩くのも、興味をそそられる。

図30　日吉大社三橋

叡山文庫の近くには、延暦寺学園が経営する天台宗の僧侶養成機関である叡山学院や、比叡山中学・高校、さらに幼稚園がある。

妙法院門跡

比叡山の歴史と文化を知るためには、京都の天台五箇門跡も知らねばならない。どの門跡にも、多くの史料と文化財がある。その筆頭門跡は東山山麓にある妙法院である。京都の観光寺院のベスト3に入るという三十三間堂の本坊である。妙法院は比叡山三千坊の一つで、本尊は普賢延命菩薩である。はじめ比叡山から、祇園社（八坂神社）の西南の地に移されたが、後陽成天皇のとき現在地に移った。

三十三間堂は、後白河法皇が皇室の安泰と繁栄のために建立され、蓮華王院と称した。妙法院は三十三間堂を管理し延暦寺を支える有力な門跡で、ほかに三院と寺社三五を支配してきた。妙法院は、後醍醐天皇・佐々木道誉・足利義教・豊臣秀次などと、深くかかわったが、明治維新の七卿都落ちでは、妙法院に集って、長州（山口県）へ逃れたという史実も有名である。また、白書院・御座の間の襖絵は円山応挙・呉春・狩野山楽の筆である。さらに、大書院の襖絵は狩野派の描いた金碧絵で、いずれもみごとである。玄関北側の豪壮な桃山建築の庫裡は、京都では二条城の台所とともに、国宝に指定され、貴重な文化財である。

図31　妙法院門跡

図32　青蓮院門跡

三十三間堂（国宝）は『法華経』の「普門品」の観音の三十三身に由来する三三間もある本堂に一〇〇一体の十一面千手観音菩薩（国宝）が安置され、その群像はじつにみごとであり、さすが京都の観光寺院としてベスト3に数えられるだけある。

本堂は建長三年（一二五一）の建築で、江戸と昭和に大修理を行った。本堂中央の須弥壇には、八角七重の蓮華座があり、丈六の千手観音坐像が安置され、像高三三五チセンである。舟形後背に三十三化身を透かし彫りに配し、頭上には大蓮華に、飛雲帯と八方吹返しを施した天蓋がある。本尊は湛慶晩年の傑作という。この尊像の台座心棒の銘によると、建長三年（一二五一）七月に着手し、建長六年（一二五四）に完成したとある。このほか、風神・雷神も立派である。二十八部衆も丁寧に拝観したいものである。

妙法院は歴史と文化財の豊庫で、『妙法院史料』七巻（吉川弘文館刊）や『古寺巡礼京都妙法院』（淡交社刊）などによって、高く評価される。

青蓮院門跡　平安末期の天養元年（一一四四）に、行玄が比叡山東塔南谷に開いた青蓮坊が青蓮院門跡の草創であるという。『粟田志院内考』によると、無動寺の相応が移築したとき、庭に蓮池があったので青蓮と称したとある。仁平三年（一一五三）に、鳥羽法皇によって、現在の京都知恩院の北隣りへ移された。鳥羽法皇の第七皇子の覚快法親王が入寺し天台座主となってから、座主の住房として三十九世の久邇宮朝彦親王など、皇室関係者が法統を継ぎ、格式を誇っている。

『諸門跡譜』によると、行玄を初祖としている。行玄は関白藤原師実の子である。しかし、『天台門流図』によれば、勝豪を初代としている。行玄が勝豪から受法しているからであろう。そして『三国明匠略記』では、行玄が「勝豪法師同宿」とあるので、初祖が二人となった。行玄は保延四年（一一三八）十月に覚猷の跡を継いで、天台座主となった。勝豪が先に没したあと、行玄が青蓮院門跡の基礎を固めたといわれる。行玄の門に入った覚快法親王は青蓮院を仙洞御所の祈願所とした。覚快法親王が天台座主になると、比叡山の学匠と堂衆の対立紛争を解決して功績をあげたが、治承四年（一一八〇）には、はやくも座主職を明雲に譲り、もっぱら青蓮院の充実に尽力した。

青蓮院の本尊は毘沙門天王種子を鍍金したものだったが、洪水で失うと、その後は熾盛《しじょう》光如来を本尊としたので、本堂を熾盛光堂と呼ぶ。久寿二年（一一五五）に、藤原忠通《ただみち》の子の慈円が、覚快法親王の弟子となり、十数年にわたって、青蓮院で歳月を過すことになる。

青蓮院本の『拾玉集』は慈円の和歌六〇〇〇首を収めている。慈円著『愚管抄』は青蓮院での思考の賜ものであった。それから、親鸞は九歳のときに慈円のもとで得度した。また、青蓮院の歴史で光を放つのは、伏見天皇の皇子尊円法親王が、天台座主となってから、書道御家《おいえ》流を開いたことである。

青蓮院の建物は元弘年間（一三三一〜三三）や、応仁の乱で焼失したが、そのたびに再建されている。江戸初期の寺領は一三〇〇石だった記録も残っているが、幕末の安政の大獄では、青蓮院宮が「退隠永蟄居」を命ぜられるという事件もあった。嘉永七年（一八五四）には皇女和宮《かずのみや》が青蓮院に移され、ここで有栖川宮と淡い恋におちたのはよく知られている。

現在の境内は一万二〇〇〇坪（約三万九六〇〇平方メートル）あり、庭も趣き深く林泉の美を誇っている。

客殿の浜松図（重文）や青不動で名高い絹本着色不動明王二童子像（国宝）なども忘れ難い寺宝で、青蓮院も、他の門跡と同じように歴史と文化が豊かである。

三千院門跡　京都市左京区大原来迎院町の三千院は、延暦年間（七八二〜八〇二）に、比叡山の東塔南谷に、梨下の円融坊を建てたのがはじまりだという。梨下とは『梨下管領記』（三千院蔵）によると、根本中堂を建立したとき、大工小屋の跡地に梨の木があって、梨下御坊と命名したからだとある。『天台座主記』には、円仁の弟子の承雲が梨下御坊の始祖とある。その後、三千院門跡の歴代門主は『天台座主記』に、梨下法流とか円融坊法流とあって、明治初年まで天台座主に就任している。だから、延暦寺にとって重要な門跡であり、延暦寺の最高位の座主の本拠が、京都側にあったことも注目される。現在大阪に本社のある大企業で、東京営業所のビルが、本社よりずっと大きい建物であるのとよく似ている。

ところで、第六十一代天台座主顕真は、藤原顕能の子であるが、承安三年（一一七三）に大原に籠居したころ、源平合戦がはじまり、平氏が壇ノ浦で敗れて、建礼門院徳子が寂光院へ入った。その翌年の文治二年（一一八六）には後白河法皇の「大原御幸」があった。また、同年には黒谷の法然を大原勝林院に迎えて、浄土教の論義を開いたが、これは「大原問答」とか「大原談義」といわれ、有名である。このときの論義の参加者は、天台宗の証真、三論宗の明遍、法相宗の貞慶、俊乗坊重源らである。

門主常住の房舎は、東山岡崎、北山紫野、賀茂川堤西裏など転々としたが、梶井宮御殿とも呼ばれたので、梶井町にもあったらしい。

三千院の本堂は、極楽往生院（重文）で、三間四面、単層入母屋造り、柿葺《こけらぶき》で、天井や壁面に二十五菩薩来迎図・飛天奏楽図・曼荼羅が描かれ、本尊の丈六阿弥陀三尊（重文）は定朝様来迎形式の寄木造りで、漆箔の坐像である。正座姿も珍しい。

客殿は天正年間（一五七三〜九一）の建立で、竹内栖鳳《せいほう》・菊池芳文・鈴木松平らの襖絵が描かれている。古儀の御懺法講《おせんぼうこう》を行う宸殿をはじめ、庫裡《くり》・円融坊・「三千院文書」六〇〇点を所蔵する円融蔵などは昭和の建築である。

三千院の歴史で特筆したいのは、魚山声明である。良忍が承徳元年（一〇九七）に不断念仏を修するため、大原魚山に入って、勝林院永宴から大原流梵唄《ぼんばい》の伝授を受けた。また、永宴は良忍から叡山流梵唄を受け、総合した良忍は顕教声明と密教声明を集大成し、勝林院と来迎院に伝えたが、三千院で両方を統轄した。三千院の南には呂川が流れ、北には律川があって、声明の呂（呂旋法）と、律（律旋法）にちなんでの名称である。この呂律から「ろれつがまわるとか、まわらない」という語が生まれたという。三千院ではあじさいも美しく、とくに紅葉の季節がすばらしい。

毘沙門堂門跡

京都市山科区にある毘沙門堂の起源は、大宝三年（七〇三）に行基が開いたという。桓武天皇が平安京を建設したとき、京極の地に移して、安国院出雲寺とし、最澄が根本中堂の薬師如来と同じ霊木で、毘沙門天を刻んで安置し、桓

図33　三千院門跡

図34　毘沙門堂門跡

武天皇の念持仏としたと伝え、その後、第二皇子の葛原親王に授けられたという。

建保二年(一二一四)の「平親範置文」によると、葛原親王創建の平等寺、平親信建立の尊重寺、平範家創立の護法寺の三寺を合併して、出雲路に移して明禅が入寺したから、明禅を毘沙門堂の初祖とする。応仁の乱で堂舎を全焼したが、すぐ再建された。しかしまた、信長の元亀の兵火で焼けた。現在も京都御所の北に出雲路の地名があり、塔ノ段毘沙門町もある。

信長の兵火のとき、尊像と古記を持ち出したので、小堂を建てて供養していたところ、慶長十六年(一六一一)、後陽成天皇から「毘沙門堂を復興せよ」との詔がでて、天海が計画を進めたが完成をまたずに世を去った。そこで、天海の弟子の公海が師の志をついで現在の山科の地に建設した。寛文五年(一六六五)に落慶法要が執行された。その後、後西天皇の第六皇子の公弁親王は、父君の旧御殿を下賜してもらい、貞享三年(一六八六)に移築して新書院とした。このときの史料に、「寺領千七百石」を賜ったとある。以来歴代門主は輪王寺宮が住職となった。門主が天台座主に補せられると毘沙門堂門跡の公称が許され、今日に至った。

宝永四年(一七〇七)の『毘沙門堂門跡』(写本)を見ると、「伝教大師―慈覚大師―恵亮―満賀―慈恵大僧正―覚運―(略)―実円―明円―公承―忠承―公厳―慈眼大師（天海)」とある。これは『毘沙門堂門跡略誌』の系譜と若干違うが、宝永四年の写本は「一品公弁謹誌」とあるので信用したい。

なぜ、天海が毘沙門堂の復興に関係したかを調べたところ、天海が徳川家康と親交し、東叡山寛永寺を創建したり、輪王寺門跡を開いたからであった。このため、輪王寺宮が毘沙門堂の門主を兼ねることになったのである。おそらく、関東の輪王寺宮が京都の情報を蒐集する寺としたからであろう。天海が復興第一祖だが、事実上は公海が復興したのである。公海は家光の命で、寛永寺の貫主も兼ねた。これは幕府と朝廷の関係を深めるための重要な役目であった。さらに、公海は日光の輪王寺を兼住したので多忙を極めたが、八十九歳のとき、毘沙門堂で入滅した。

公海のあと、公弁・公寛・公遵・公啓・公延・公澄・公猷・慈性と続くが、いずれも法親王で、天台座主に就任している。

現在の毘沙門堂の敷地は、一〇万余坪（約三三万平方メートル）、山紫水明の勝地である。藤原定家も『明月記』に毘沙門堂を訪ねたとある。本堂は六間・五間の単層入母屋造り、本瓦葺である。宸殿は元禄六年（一六九三）の建立で、八間・六間の単層入母屋造り、瓦葺である。御成之間、九老の間などの襖絵は狩野洞雲益信筆である。このほか、境内には御霊堂・弁天堂・地蔵堂・鎮守堂・地主堂・妙見堂・経堂があり、勅使門・薬医門・観月亭・極楽橋（石橋）などがある。

重要文化財には、「紙本墨書洞院公定日記二巻、注大般涅槃経巻十四」がある。また、延暦寺の重要な法要である御修法の大法のなかに「鎮将夜叉大法」があるが、毘沙門堂門跡に伝わる秘法である。

曼殊院門跡

京都市左京区一乗寺竹ノ内町にある曼殊院は、竹ノ内御殿ともいわれる。最澄が延暦年間（七八二〜八〇六）に、比叡山に創建した坊が発展したものである。鎮護国家の道場として、「円仁―安恵―最円―玄昭」と伝えられたが、是算のとき、菅原氏の出身の故をもって、京都の北野天満宮の造営を行うために、初代北野社別当に補せられた。その後、忠尋の天仁年間（一一〇八〜二〇）に、曼殊院別院と改称し、北野社を管理する都合で、北山村（京都市北区）へ移った。

『曼殊院門跡譜』によると、「是算―遍救―（略）―慈順―慈厳―慈快」とある。慈順の代に別院が栄えたので、比叡山曼殊院を別院に移した。足利義満が金閣寺を造営したころ、曼殊院は御所の近くへ移転した。その後、文明年間（一四六九〜八六）に、後土御門天皇

図35　曼殊院門跡

の御子の伏見宮貞常親王の皇子である慈運法親王が、曼殊院の住職となり、門跡寺院となった。

慈運のあとは覚恕法親王・良恕法親王と続いた。良恕は桂離宮を造営した八条宮智仁親王の兄であり、妙法院の尭然法親王とも親交が深く、ともに書道にすぐれていた。良恕は修学院離宮を造営した後水尾天皇に「能書七箇条」を伝授したという。曼殊院が修学院離宮の近くだったので、桂離宮と双方から影響を受けている。良恕は文芸にも通じていたので、寛永四年（一六二七）に冷泉為賢から「古今伝授」を受け、良尚親王に伝授したと記録にある。曼殊院には『古今和歌集』（国宝）のほか、『伊勢聞書』『源氏聞書』などを所蔵している。良恕は曼殊院の門主としてだけでなく、天台座主でもあったから、延暦寺のために尽力した。

曼殊院の中興開山は智仁親王の第二皇子良尚法親王である。良尚は学問を好み、仏教と和歌に通じ、書道にも造詣が深かった。華道にも特別の関心を注ぎ、池坊専好とともに、御所や仙洞御所に花を活ける姿が絵となり残っている。

良尚は第百七十五代天台座主となり、慈眼堂と羅漢堂を建立し、法華大会を復興した。慶安元年（一六四八）には天海に対して、慈眼大師の諡号を下賜されたが、良尚の尽力によるものである。明暦二年（一六五六）には御所の北にあった曼殊院を一乗寺村の現在地に移した。

境内は五〇〇〇坪（約一万六五〇〇平方メートル）で、松杉檜などの古木に囲まれている。正面の一七段の石段のある勅使門と、その両側の白壁は格式を誇るものである。門を入ると右側に唐門と大玄関があり、左手に庫裡・御輿置場が続く。玄関を入ると虎の間、岸駒の間、孔雀の間、松の間がある。さらに、竹の間を過ぎると、枯山水の中庭にでる。一文字の手水鉢がある。華の間を通ると、大書院で、江戸建築ながら重要文化財の貫禄がある。障壁画は狩野探幽である。

さらに奥へ進むと、閑静亭とよぶ書院（重文）があり、違い棚が注目される。曼殊院棚といわれ有名である。遠州好みの庭の梟《ふくろう》の手水鉢《ちょうずばち》も見落し難い逸品である。庭の奥の八窓軒茶室は曼殊院の自慢の一つである。このほか、御座の間、庫裡、護摩堂、弁天堂なども丁寧に拝観したい。

最後に曼殊院の国宝黄不動は日本三不動の一つで、平素は模写しか見られないが、国宝展などのとき記憶にとめておいて、ぜひ拝観したい文化財である。

このほか、曼殊院の茶道・華道・書道・画道・香道などの歴史にも目を向けると、歴代門主の文化への激しい思い入れに釘づけにされてしまう。

以上、里坊と門跡をじつに大胆に概説したが、いずれも深い歴史と豊かな文化に満ち満ちている。延暦寺が世界文化遺産に登録された根底には、高僧・名僧の限りない修学修行の精進と、幅広い人間関係を大切にした努力の成果があってもたらされたものと考えられる。

あとがき

私がはじめて比叡山と接したのは、小学生のころで、延暦寺一山円乗院の大僧正に得度してもらったことである。大学では天台学を硲慈弘・塩入亮忠両先生や、関口慈光・福井康順両博士、そして、筑土鈴寛教授からもご指導していただいた。太平洋戦争が終結した前後なので、ほとんど研学ができず、卒業すると迷わず比叡山専修院に学び、僧侶の資格をえて自坊の跡を継ぎ住職となった。その後、公立学校の教員を続けながら、つとめて学術大会に参加し研究発表を重ねてきた。その成果はお恥かしい次第だが、その間に『文学散歩　比叡山』『最澄のこころと生涯』『最澄百話』『伝教大師著作解説』『説話文学の叡山仏教』などを出版し、そのうえ共著として『日本天台史』『比叡山』（法蔵館刊）『比叡山―その歴史と文化を訪ねて』（延暦寺刊）なども刊行させていただいた。そして、岩波講座『日本文学と仏教』にも寄稿したが、昨今とみに健康の不安に襲われたので、天台学会や叡山学会の先生方のご研究に学んだものを、自分なりにまとめ、歴史文化ライブラリーの一冊として刊行させていただくこととなった。

本書は、「延暦寺から」の原稿をいただいた延暦寺前執行小林隆彰師をはじめ、すべての写真を提供していただいた延暦寺執行清原恵光師、管理部の誉田玄光師のほか、叡山学院教授武覚超師や、里坊や門跡のご協力をえ、多くの学恩をうけて原稿をまとめることができた。また、出版に当っては編集部の大岩由明氏や柴田善也氏のお世話になった。これらの方々に心から御礼をもうしあげます。

平成十年六月

渡　辺　守　順

著者紹介

一九二五年、滋賀県に生まれる
一九四七年、大正大学文学部国文学科卒業
現在叡山学院教授・四天王寺国際仏教大学教授

主要著書

最澄のこころと生涯　最澄百話　伝教大師著作解説　説話文学の叡山仏教

歴史文化ライブラリー
55

比叡山延暦寺
世界文化遺産

一九九八年一二月一日　第一刷発行

著者　渡《わた》辺《なべ》守《しゅ》順《じゅん》

発行者　吉川圭三

発行所　株式会社吉川弘文館
東京都文京区本郷七丁目二番八号
郵便番号一一三―〇〇三三
電話〇三―三八一三―九一五一〈代表〉
振替口座〇〇一〇〇―五―二四四
印刷＝平文社　製本＝ナショナル製本
装幀＝山崎　登（日本デザインセンター）

歴史文化ライブラリー

1996.10

刊行のことば

現今の日本および国際社会は、さまざまな面で大変動の時代を迎えておりますが、近づきつつある二十一世紀は人類史の到達点として、物質的な繁栄のみならず文化や自然・社会環境を謳歌できる平和な社会でなければなりません。しかしながら高度成長・技術革新にともなう急激な変貌は「自己本位な刹那主義」の風潮を生みだし、先人が築いてきた歴史や文化に学ぶ余裕もなく、いまだ明るい人類の将来が展望できていないようにも見えます。

このような状況を踏まえ、よりよい二十一世紀社会を築くために、人類誕生から現在に至る「人類の遺産・教訓」としてのあらゆる分野の歴史と文化を「歴史文化ライブラリー」として刊行することといたしました。

小社は、安政四年(一八五七)の創業以来、一貫して歴史学を中心とした専門出版社として書籍を刊行しつづけてまいりました。その経験を生かし、学問成果にもとづいた本叢書を刊行し社会的要請に応えて行きたいと考えております。

現代は、マスメディアが発達した高度情報化社会といわれますが、私どもはあくまでも活字を主体とした出版こそ、ものの本質を考える基礎と信じ、本叢書をとおして社会に訴えてまいりたいと思います。これから生まれでる一冊一冊が、それぞれの読者を知的冒険の旅へと誘い、希望に満ちた人類の未来を構築する糧となれば幸いです。

吉川弘文館

〈オンデマンド版〉
比叡山延暦寺
世界文化遺産

歴史文化ライブラリー
55

2017年（平成29）10月1日　発行

著　者　渡《わた》辺《なべ》守《しゅ》順《じゅん》
発行者　吉川道郎
発行所　株式会社　吉川弘文館
〒113-0033　東京都文京区本郷7丁目2番8号
TEL　03-3813-9151〈代表〉
URL　http://www.yoshikawa-k.co.jp/

印刷・製本　大日本印刷株式会社
装　幀　清水良洋・宮崎萌美

渡辺守順（1925～）

ISBN978-4-642-75455-2